广州市哲学社会科学"十一五"规划课题研究成果

中等职业教育高星级饭店运营与管理专业项目课程系列教材

酒吧服务 （第2版）

JIUBA FUWU

主　编　徐利国　罗建中

重庆大学出版社

内容提要

教材是实现课程目标、体现课程内容的重要载体。本书根据"以就业为导向,以学生为主体"的理念进行编写,其体例与表现形式比较独特,给人耳目一新的感觉,充分体现任务引领、实践导向的课程设计思想和在"做"中"学"的教学思想。本书以"学习目标""前置任务""相关知识""想一想"和"课后练习"等多种表达形式把酒吧工作中大量的实际应用知识一一呈现给读者。读者既可通篇学习,也可根据别具一格的目录有选择地按照兴趣或需要挑选内容学习。

本书可作为中等职业教育高星级饭店运营与管理专业以及旅游服务类专业的教材,也可作为酒水相关从业人员的培训用书。

图书在版编目(CIP)数据

酒吧服务 / 徐利国,罗建中主编. --2 版 . -- 重庆:
重庆大学出版社,2021.9
中等职业教育高星级饭店运营与管理专业项目课程系列教材
ISBN 978-7-5624-7699-3

Ⅰ.①酒… Ⅱ.①徐… ②罗… Ⅲ.①酒吧—商业服
务—中等专业学校—教材 Ⅳ.①F719.3

中国版本图书馆 CIP 数据核字(2021)第031349号

中等职业教育高星级饭店运营与管理专业项目课程系列教材
酒吧服务(第 2 版)
主　编　徐利国　罗建中
责任编辑:邱　瑶　顾丽萍　　版式设计:顾丽萍
责任校对:邹　忌　　　　　　　责任印制:张　策
*
重庆大学出版社出版发行
出版人:饶帮华
社址:重庆市沙坪坝区大学城西路 21 号
邮编:401331
电话:(023)88617190　88617185(中小学)
传真:(023)88617186　88617166
网址:http://www.cqup.com.cn
邮箱:fxk@cqup.com.cn(营销中心)
全国新华书店经销
重庆升光电力印务有限公司印刷
*
开本:787mm×1092mm　1/16　印张:8　字数:168 千
2013 年 11 月第 1 版　2021 年 9 月第 2 版　2021 年 9 月第 4 次印刷
印数:5 001—7 000
ISBN 978-7-5624-7699-3　定价:39.50 元

【第 2 版前言】

酒吧作为人们娱乐、休息的场所,在我国改革开放 40 多年来得到了迅速的发展。酒吧不仅满足了中外旅游者的需求,也丰富了普通老百姓的文化生活,调酒师逐渐成为一种时髦和热门的职业。

本书适用于职业类学校学生,也适用于调酒从业人员或餐饮从业人员的岗前或在岗培训。具有以下特色:

◆专业实用,通俗易懂,图文并茂,构思巧妙,集知识性、操作性、趣味性于一体。

◆内容全面,难易程度适中,精练阐述酒水理论知识、酒吧岗位实用操作技能、服务等相关内容。读者既可通篇学习,也可有选择性地按照兴趣或需要挑选内容学习。通过学习实践,完全可以在工作中应付自如。

本书由 5 个项目 36 个任务组成。全书以时下年轻人喜爱的鸡尾酒调制为主线,带领读者从鸡尾酒的基础知识学起,系统掌握酒水基础理论知识和酒吧服务等内容。每个教学重点均结合职业技能考证知识,内容有弹性,可同时适应主专业教学或考证教学的需要。

本书的编写充分体现任务引领、实践导向的课程设计思想,设计与酒吧工作相对应的教学项目,充分体现了在"做"中"学"的教学思想。编写内容有重点地插入需要扩展的知识,使专业知识向外延伸,拓宽学生的知识视野,补充课外学习内容。突出实用性,重视本专业的新知识、新原料、新技术、新工艺、新设备和新信息。贴近本专业的发展和实际需要,介绍更多国内外先进的工具、设备、原料和做法。

本书由广州市旅游商务职业学校酒店服务与管理专业科调酒高级技师、高级讲师徐利国先生和广东省 2012 技行天下调酒大赛冠军罗建中先生,在总结教学和实践经验的基础上编写而成。同时,本书在编写的过程中得到了广州市旅游商务职业学校校长吴浩宏先生、党委书记付红星女士、酒店服务与管理专业科组长苏敏琦先生、梁昭儿女士的大力支持,以及众多同行的鼓励与帮助,在此谨致衷心的感谢。

本书有配套教学课件、教学方案设计、实训方案、服务案例、练习题、延伸阅读等,可扫描封底"资源地址"二维码获取。

由于编者水平有限,书中难免存在疏漏之处,敬请广大读者批评指正。

编　者

2021 年 4 月

目录

项目一

带你认识"酒"朋友

任务一　你认识酒吗

【学习目标】

掌握酒的定义、酒精与酒度的关系。

【前置任务】

了解酒的历史文化、酒的定义及特点、酒精与酒度的关系等知识。

【相关知识】

一、酒的定义

酒是一种用水果、谷物、花瓣、淀粉或其他含有糖分或淀粉的植物，经过发酵、蒸馏、陈化等方法生产出的含食用酒精的饮料。

《韦氏辞典》关于酒的定义是这样的：凡酒精含量为 0.5% ~ 75.5% 的酒精饮料都可以称为酒。

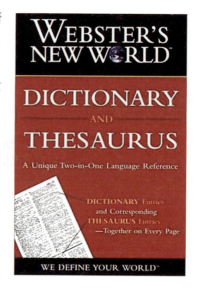

二、酒的发酵原理

酒的酿造过程分为发酵、蒸馏两大部分。酒精的形成需要具有一定的物质条件和催化条件。糖分是发酵成酒最重要的物质条件，而酶则是酒在发酵过程中必不可少的催化剂。在酶的作用下，单糖被分解成酒精、二氧化碳和其他物质。酒的生产主要包括糖化、发酵、蒸馏、陈化、勾兑等几个环节。

三、酒的主要成分

酒的成分十分复杂，通过现代先进的分析方法得到的结果显示，中国白酒的成分有 200 多种，国外某些酒的成分能达到 400 多种，另外还有许多含量极少、无法检测出的成分。在能够分析的成分中，酒最主要含有乙醇和水。除此以外，还有甲醇、醛类、酯类、酸类等物质。所有这些物质的组合便形成了酒的风格，即色、香、味、体。

四、酒精和酒度

目前，国际上有三种方法表示酒度：标准酒度、英制酒度和美制酒度。其中，标准酒度最为常用。

1. 标准酒度

标准酒度（Alcohol% by Volume）是法国著名化学家盖·吕萨克（Gay Lussac）发明的，又称为盖·吕萨克法。所谓标准酒度是指在室温 20 ℃的条件下，每 100 毫升酒液中含有酒精的毫升数。

常见的标准酒度表示方法有百分比表示法、GL 表示法和符号标记"°"表示法。其中，百分比表示法最为常用。

2. 英制酒度

英制酒度（Sikes）是18世纪由英国人克拉克（Clark）发明的一种酒度表示法，现在在一些英联邦国家中仍在使用。

3. 美制酒度

美制酒度（Proof）用酒精纯度"Proof"表示，一个酒精纯度相当于 0.5% 的酒精含量。

英制酒度和美制酒度的出现都早于标准酒度，它们三者之间的换算关系是：

标准酒度×1.75＝英制酒度   标准酒度×2＝美制酒度   英制酒度×8÷7＝美制酒度

[想一想]

酒的制作方法有哪些？

发酵、蒸馏、陈化等。

[课后练习]

单项选择

1. 在酒的生产过程中，必须经过（   ）工艺，才能产生酒精。

    A. 蒸馏   B. 发酵   C. 糖化   D. 陈化

2. 酒的生产是建立在微生物的基础上的，酿酒原料中的糖在（   ）的作用下，最终转化为乙醇。

    A. 乙醛   B. 丙醛   C. 甲醇   D. 酶

3. 标准酒度和英制酒度的换算关系是（   ）。

    A. 标准酒度＝英制酒度×2   B. 标准酒度＝英制酒度÷1.75

    C. 标准酒度＝英制酒度×1.75   D. 英制酒度×2

任务二　酒水的分类

【学习目标】

了解酒的两种分类方法，重点掌握酒的发酵原理、蒸馏酒的生产原理和混配酒的种类。

【前置任务】

了解关于酒的神话传说。

【相关知识】

一、按生产方法分类

1. 发酵酒

所谓发酵酒，又称酿造酒、原汁酒，是在含有糖分的液体中加上酵母进行发酵而产生的含酒精饮料。其生产过程包括糖化、发酵、过滤、杀菌等。

发酵酒的主要酿造原料是谷物和水果，其特点是含酒精量低，属于低度酒。例如，以谷物酿造的啤酒一般酒精含量为3%～8%，以果类酿造的葡萄酒酒精含量为8%～14%。

发酵酒常被称为低酒精饮料，酒精浓度一般不超过15%，因发酵过程中，当酒度达13%～15%时，酒液中的乙醇会使酵母停止活动而终止发酵。此外，发酵酒的酒度主要由发酵原料含糖量的多少决定，糖分完全分解成乙醇时，便停止发酵。

（1）发酵的原理如下：

酵母（Yeast）+糖（Sugar）=二氧化碳（CO_2）+酒精（Alcohol）

发酵酒是以粮谷、水果、乳类等为原料，主要经酵母发酵等工艺酿制而成的酒类饮料。主要包括啤酒、葡萄酒、水果酒和黄酒等。

发酵酒分为水果发酵酒和谷物发酵酒。

（2）发酵酒的分类如下：

水果发酵酒——餐厅中提供的水果发酵酒主要指葡萄酒，包括白葡萄酒、红葡萄酒、玫瑰红葡萄酒和香槟等。

谷物发酵酒——啤酒是谷物发酵酒的代表。

2. 蒸馏酒

蒸馏酒又称烈酒，指通过对含酒精的液体进行蒸馏而获得可以饮用的酒精饮料，酒精含量在40%以上。蒸馏酒酒精含量高，杂质少，正常情况下保存期可达 5~10 年，开启后也可存放 1 年以上。

蒸馏酒是根据酒精的物理性质，通过加热汽化的方式取得的高纯度酒液。蒸馏酒一般都要经过两次以上的蒸馏提纯。其蒸馏原理是：由于酒精的沸点为 78.3 ℃，水的沸点为 100 ℃，因此只要把蒸馏的低度酒（或酒水混合物）加热并恒温在 78.3 ℃，便可得到汽化的酒精。再将收集的汽化酒精冷却，就得到浓度较高的酒精液体，完成一次蒸馏过程。

汽化蒸馏的方式包括间歇式蒸馏法和连续式蒸馏法两种。大多数名酒都采用间歇式蒸馏法，通过掐头去尾，留取酒心的方式获取高纯度的酒液。

3. 混配酒

混配酒又称配制酒，是酒类中一个比较特殊和复杂的类别。它的诞生晚于其他单一酒品，由人工混合配制，形成口味更新、酒体更完美的酒品。在调酒中，此类酒常用作辅料被广泛使用。

混配酒主要是以酿造酒或蒸馏酒作酒基，加入可食用的花、果和植物根茎等，采用浸泡、混合勾兑等工艺加工而成的改变了原酒风格的酒品。混配酒种类繁多、风格各异，主要可以分为利口酒（Liqueur）、餐前酒（Aperitif）、甜食酒（Dessert Wine）和鸡尾酒（Cocktail）四大类。

二、按西方配菜方式分类

1. 餐前酒

餐前酒（Aperitif）也称开胃酒，是指在餐前饮用，能刺激人胃口、激发人食欲的酒水。如味美思、茴香酒等。

2. 佐餐酒

佐餐酒（Table Wine）是西餐配餐的主要酒类，常使用葡萄酒。佐餐酒包括红葡萄酒、白葡萄酒、玫瑰红葡萄酒和汽酒。

3. 甜食酒

甜食酒（Dessert Wine）是吃甜品时所饮用的带有甜味的葡萄酒。这种葡萄酒酒精度高于佐餐酒，达到 16% 以上。如雪利酒、波特酒等。

4. 利口酒

利口酒（Liqueur）又称香甜酒，因糖分含量很高，一般在餐后饮用以帮助消化，或者作为辅料用于鸡尾酒中。如君度酒、薄荷酒等。

5. 烈酒

烈酒（Spirit）是酒度在40%以上的酒。洋酒中的六大烈酒都属于此类。

6. 啤酒

啤酒（Beer）是使用麦芽、水、酵母和啤酒花直接发酵制成的低度酒，被人们称为"液体面包"，为人们所喜爱。

7. 软饮料

软饮料（Soft Drink）是指所有无酒精的饮品，种类繁多，不可胜数。在酒吧中泛指三类：汽水、果汁和矿泉水。

〔想一想〕

利口酒的制作方法有哪些？

1. 蒸馏法：有两种方式，一是将原料浸泡在烈酒中，然后一起蒸馏；二是将原料浸泡后，取出原料，仅用浸泡过的汁液蒸馏。蒸馏出来的酒液再添加糖和色素。

2. 浸泡法：将原料浸泡在烈酒或加了糖的烈酒中，最后过滤原料而成。

3. 混合法：将天然或合成的香料、香精直接加入烈酒中，以增加酒的香味、色泽与甜味。

〔实践园〕

酒除了专业分类方法以外，还有常规分类方法。在下表中运用常规分类方法对酒进行分类。

条　件	典型代表
酒液颜色	
酒液香气	
酒精含量	
生产原料	

〔课后练习〕

单项选择

1. 饮料按其物理形态可以分为（　　　）。

    A. 碳酸饮料和硬饮料　　　　　　　　B. 固态饮料和液态饮料

    C. 软饮料和酒精饮料　　　　　　　　D. 软饮料和非碳酸饮料

2. （　　　）都属于饮料。

    A. 矿泉水、水、咖啡　　　　　　　　B. 矿泉水、纯酒精、茶

    C. 水、白酒、咖啡　　　　　　　　　D. 矿泉水、白酒、茶

3. 凡是可以饮用的液体都可以称为饮料，但不包括（　　　）。

    A. 牛奶　　　　　　B. 水、纯酒精　　　　C. 茶　　　　　　　D. 果汁

任务三　热情火辣的蒸馏酒

【 学习目标 】

掌握蒸馏酒的定义；重点掌握世界六大蒸馏酒的生产工艺、种类及特点；熟记烈酒的知名品牌及饮用方式。

【 前置任务 】

了解蒸馏酒的定义和酿造工艺。

【 相关知识 】

● 世界六大著名蒸馏酒

酒　名		酿酒原料	主产国（地区）	年　份
特基拉酒	Tequila	蓝色龙舌兰	墨西哥	有/无年份
朗姆酒	Rum	甘蔗糖蜜	牙买加、古巴	有年份
伏特加	Vodka	谷物、土豆	俄罗斯、美国	无年份
金　酒	Gin	谷物、杜松子	英国、荷兰	无年份
威士忌	Whiskey	谷物、大麦、玉米	苏格兰、美国	有年份
白兰地	Brandy	葡萄、水果	法国干邑	有年份

一、沐浴在墨西哥太阳下的热情之酒——特基拉酒

特基拉酒是一种酒体浓烈、刺鼻的烈性酒，采用独特的原料制成，深受墨西哥人的喜爱。它是墨西哥的国酒，更是墨西哥与别国建交的重要工具之一。

龙舌兰是生产特基拉酒的主要原料。龙舌兰的成长期为 8～10 年，直径有 70～80 厘米，重达 30～40 千克，外形酷似一个巨型的菠萝。大约 6 千克的龙舌兰果实才能酿成 1 升的特基拉酒。

制作特基拉酒，需要把当天挖出并去掉叶子的龙舌兰运送到酿酒厂，放进石烤炉蒸煮 46～48 小时，使淀粉质转化成糖汁。榨出糖汁后，让其在发酵缸里自然发酵 20 小时，当糖分转化成酒精后马上进行蒸馏。完成第一次蒸馏后，酒精含量约为 25%；完成第二次蒸馏后，酒精含量约为 55%。最后兑以蒸馏水稀释。直接装瓶销售的是普通特基拉酒，酒液无色透明。如酒液呈现金黄色，则表示经过了木桶陈化。

实用小资讯

● 特基拉酒的饮用方法

净饮：使用 30 毫升短杯，倒入 1 量杯特基拉酒，切 1/8～1/6 个柠檬角，将少许盐撒在小碟上。饮用时先用柠檬角蘸满盐，再放入口中咬，会又酸又咸，并出现微微麻木的感觉，最后粗犷豪爽地一口喝掉特基拉酒，口感会非常刺激。

混合饮用：以特基拉酒为基酒调制鸡尾酒，如"玛格丽特""特基拉日出"等。

● 特基拉酒的等级划分

Blanco/Plata（未陈化）：没有经过木桶陈化，Blanco 也会短暂陈化，但不超过 30 天；

Joven（新酒）：蒸馏后 2 个月内装瓶；

Joven Abocado（混合型）：简称"Oro"，因添加蔗糖混合所以也称为"Mixto"；

Reposado（微陈级）：在橡木桶中陈化 2～12 个月；

Anejo（陈年级）：在小橡木桶中陈化 1～3 年；

Extra Anejo（超陈级）：陈化时间超过 3 年。

● 特基拉酒的分类

Tequila——只有在塔毛利帕斯州（Tamaulipas）、纳亚里特州（Nayarit）、米却肯州（Michoacan）及瓜纳华托州（Guanajuato），使用蓝色龙舌兰为原料生产和酿造的酒才叫作特基拉酒。

Pulque——以龙舌兰为原料，经过发酵生产出的发酵酒类，也是所有龙舌兰酒的基础原型。

Mezcal——以龙舌兰为原料，生产出的蒸馏酒的总称。

二、有甘蔗的地方就有朗姆酒

朗姆酒诞生于加勒比海的西印度群岛。相传哥伦布发现新大陆后，把甘蔗从欧洲带到加勒比海诸国，后来移居到此的一位英国人用甘蔗为原料，经发酵、蒸馏出第一瓶朗姆酒。随着航海贸易的频繁，人们将朗姆酒的制法带到世界各地，朗姆酒逐渐成为国际级名酒。

比较著名的朗姆酒产地有古巴、牙买加、波多黎各、委内瑞拉、巴巴多斯等。制作朗姆酒，要先将压榨出的甘蔗汁熬煮，再经过离心机分离出可发酵用的糖分，最后兑水稀释发酵蒸馏。

朗姆酒的分类如下：

Light Rum——未经橡木桶陈年或经橡木桶陈年的时间非常短，也有用活性炭过滤的，装瓶酒液颜色为无色透明的朗姆酒又称银朗姆（Silver Rum）。

Dark Rum——经橡木桶陈年，其颜色的深浅与陈年时间无关，因加入焦糖调色而呈深褐色。

Golden Rum——经橡木桶陈年而染色的、带有强烈橡木桶风味的朗姆酒。

Spiced Rum——酒液呈金黄色，通常以白朗姆酒和黑朗姆酒勾兑而成，酿造过程中常用到的香料有肉桂、丁香、肉豆蔻、迷迭香、八角、小茴香等。

Flavoured Rum——风味朗姆是加入了水果味道调制的朗姆酒。常见的口味有椰子、香蕉、杧果、橘子、菠萝、杨桃等。

除此之外，朗姆酒也有年份酒。由于朗姆酒含有较多糖分，因此能够像白兰地以及葡萄酒一样进行长时间的陈年。陈年时间长达35～50年的朗姆酒也很多。优质的陈年朗姆酒，有着像白兰地一样的甘醇芳香，因而价格也较高。

白色朗姆酒的适用范围很广，因其诞生于热带国家,所以多半被用来当作"黛克瑞"或"迈泰"这类热带水果鸡尾酒的基酒。它跟金酒、伏特加一样,能够搭配任何原料。例如，"自由古巴"这款以朗姆酒与可乐混制而成的鸡尾酒就是以白色朗姆酒作基酒。

实用小资讯

● 朗姆酒的饮用方法

品尝朗姆酒的最好方法是净饮。在朗姆酒的出产国及其他地区，人们大多喜欢净饮，而在美国，一般使用朗姆酒来调制鸡尾酒。

净饮：用洛克杯，把朗姆酒按分量倒入杯内，再放入一片柠檬。

加冰：用洛克杯，把冰块放入杯内，然后按分量倒入朗姆酒，再放入一片柠檬。

混合饮用：以朗姆酒作基酒调制鸡尾酒，如"椰林飘香"。

● 知名的朗姆酒品牌

百加得（Bacardi）

美雅士（Myers's）

摩根船长（Captain Morgan）

三、历史悠久的伏特加

伏特加是俄罗斯的国酒。史料记载，俄罗斯在 12 世纪就开始蒸馏伏特加，当时主要用于医治疾病。伏特加的生产原料都是一些便宜的农产品，如小麦、大麦、玉米、土豆和甜菜等。19 世纪伏特加传遍全世界，许多国家都开始生产。虽然是诞生于俄罗斯的酒，但美国人却特别爱喝，最近几年伏特加的产量美国位居世界第一。

伏特加在市场上分为两大类，一类是无色无味的原味伏特加，另一类是加入各种香料的调香伏特加。

原味伏特加是以谷物、土豆为生产原料制成的。将原料糖化发酵，然后放入连续式蒸馏器中蒸馏，提炼出75度以上的高浓度酒液，再用活性炭或石英砂把酒液中的异味吸附掉，最后兑以蒸馏水稀释，就可以制出无色无味的原味伏特加。原味伏特加除了酒精气味外，几乎没有其他香味。

调香伏特加是在原味伏特加中调入各种香料，得到香味各异的调香伏特加。常见的香型有柠檬味、蜜桃味、杧果味、草莓味、香梨味等。因为香味的作用，调香伏特加更受年轻人的喜爱。

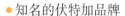 实用小资讯

● 伏特加的饮用方法

净饮：用洛克杯，把伏特加按分量倒入杯内。

加冰：用洛克杯，把冰块放入杯内，然后按分量倒入伏特加。

混合饮用：以伏特加作基酒调制鸡尾酒，如"渐入佳境"。

● 知名的伏特加品牌

皇冠伏特加（Smirnoff）

斯托利伏特加（Stolichnaya）

绝对伏特加（Absolut Vodka）

在各种调制鸡尾酒的基酒之中，伏特加是最具有灵活性、适应性和变通性的一种烈酒，它几乎可以与任何饮料或酒水混合。由于无色透明且接近无味，因此跟任何原料都能够搭配得很好。就这点来说，伏特加的优势更胜于金酒。

四、有着清爽药草味的荷兰金酒

● 主要产地

英国、荷兰、美国。

● 酒精浓度

40% ~ 47%。

● 制作方法

通常以谷物为原料，经糖化、发酵、蒸馏、制成蒸馏原酒再加入杜松的果实、果皮等，用单式蒸馏机蒸馏制成。

金酒诞生于 17 世纪的荷兰，一位名叫西尔维乌斯（Sylvius）的医学博士把杜松子浸入酒精内进行蒸馏，将产生的液体当成退烧药进行销售，但这种药的清爽香气比它的药效更吸引人，后来这种药就被当成酒而广为流传，并以杜松子的法文 Genievre 来命名。此后这款酒流行到英国，英国人嫌弃杜松子的名字太长，便简称它为"金酒"（Gin），这款酒也变得更为时髦。

金酒的分类如下：

干金酒（Dry Gin）——杜松子味较为突出，浓厚清香，口感柔和圆润，颜色透明清澈，最适合调制鸡尾酒。

荷兰金酒（Genever）——麦芽香气较强烈的一款金酒，比干金酒更加浓烈。

老汤姆金酒（Old Tom Gin）——在干金酒中加入少许砂糖制成，是一款带甜味的金酒。

加味型金酒（Flavored Gin）——通常以金酒为底，再加入水果、特殊配料、香草等制成。如最常见的野莓金酒（Sloe Gin）、柳橙金酒（Orange Gin）等，通常都带有甜味，所以大多归类于香甜酒类。

德国金酒（Steinhager）——发源于德国西部的一个小村庄，该酒名即为这个村庄名。其口感介于荷兰金酒与干金酒之间，适合冰镇后饮用。

● 知名的伦敦干金酒品牌

哥顿金酒（Gordon's）

将军金酒（Beefeater）

添加利金酒（Tanqueray）

孟买金酒（Bombay）

在各式各样的酒类中，金酒是最常被用作鸡尾酒基酒的酒。除了香味浓厚、风格特殊的荷兰金酒外，其他金酒与各种原料的配合度都很好，又能保持自身的风格，可以说是相当有优势的一种酒。

短饮型鸡尾酒有如下几种：

"干马天尼"——由金酒与干味美思调制而成，以橄榄与柠檬片装饰，口感清爽。

"吉普森"——原料跟"马天尼"一样，是用金酒与苦艾酒调制而成的，以珍珠洋葱装饰，酒精浓度高。

"横滨"——具有柑橘的水果味和香草芳香的鸡尾酒，酒精浓度高。

"蓝色珊瑚礁"——具有浓郁薄荷气味的绿色鸡尾酒，酒精浓度高。

长饮型鸡尾酒有如下几种：

"金利克"——使用金酒、莱姆汁及苏打调制，味道单纯，带着酸味。酒精浓度略低。

"雷格尼"——用金巴利的微苦与苦艾酒的甜配上金酒，口感相当协调。酒精浓度略高。

"金费士"——将苏打以外的原料以摇荡法摇匀，倒入事先放了冰块的杯子内，再倒入苏打搅拌。它有着金酒的香气，混着砂糖的甜味与柠檬的酸味。酒精浓度略低。

五、闻名遐迩的威士忌

威士忌的原料跟啤酒一样，是大麦麦芽之类的壳物。换句话说，啤酒跟威士忌是亲戚，不过制造过程却不同。在酿造之前壳物都是一样的，但是威士忌多了一道蒸馏的程序。

1. 苏格兰威士忌

苏格兰威士忌（Scotch Whiskey）的最大特点在于醇美的口感及烟熏的香气。酒体风格极具个性，采用苏格兰特有的泥炭烘烤麦芽，使其具有淡淡的烟熏味，带着浓厚的苏格兰乡土气息。

市场上常见的苏格兰威士忌有两大类：一是带有烟熏味的纯麦威士忌，二是销售量最大、品牌最多的勾兑威士忌。事实上，还有一种不对外销售、厂家专门用于勾兑的谷物威士忌，它与纯麦威士忌按比例混合后可产出著名的勾兑威士忌。

（1）纯麦威士忌（Pure Malt Whiskey）：只使用一种麦芽发酵，用特有的泥炭烘烤后制成麦芽浆，经发酵、蒸馏而成。纯麦威士忌深受苏格兰人的喜爱，但因烟熏味重、酒度高，在其他地方销量并不好。

纯麦威士忌的四个主要产区为：高地（Highland）、低地（Lowland）、艾雷岛（Islay）和坎贝尔敦（Campbeltown）。

● 常见的苏格兰纯麦威士忌品牌

格兰菲迪（Glenfiddich）

绿牌（Johnnie Walker Green Label）

（2）谷物威士忌（Grain Whiskey）：以80%的玉米和20%的大麦混合糖化发酵，连续蒸馏成高浓度的酒精，再兑水稀释陈酿而成。因酒体无烟熏味，成品常被用于勾兑，市场上很少销售。

（3）勾兑威士忌（Blended Whiskey）：又称混合威士忌，指用纯麦威士忌与谷物威士忌按比例调配而成的威士忌，烟熏味恰到好处。因各品牌勾兑威士忌的比例不同，所以酒体风格各异，各有特色与卖点。这就是苏格兰勾兑威士忌占市场最大份额的原因之一。

● 知名的苏格兰勾兑威士忌品牌

百龄坛（Ballantine's）

顺风（Cutty Sark）

红牌（Johnnie Walker Red Label）

黑牌（Johnnie Walker Black Label）

芝华士（Chivas Regal）

皇家礼炮（Royal Salute）

2. 爱尔兰威士忌

威士忌的发源地是爱尔兰岛。爱尔兰人从 12 世纪开始便饮用以壳物蒸馏而成的酒，爱尔兰威士忌（Irish Whiskey）是全世界最古老的威士忌。

● 知名的爱尔兰威士忌品牌

约翰·占美臣（John Jameson）

3. 美国威士忌

美国波本威士忌口感醇厚、绵柔，以 51% 以上的玉米为主要原料，混合大麦等其他谷物，经发酵、蒸馏而成，陈酿时间为 2～4 年。

比较受人们喜爱的就是产于肯塔基州波本郡的波本威士忌。只有使用了 51% 以上、未满 80% 的玉米为原料，并放在经过火枪烧烤过的橡木酒桶内侧，经过两年以上陈年的威士忌，才能被称为波本威士忌。跟其他威士忌相比，其特点在于有着一股强烈的烧焦香气，并略带甜味。

诞产于田纳西州，并以田纳西糖枫木炭过滤后才进行陈年的威士忌称为田纳西威士忌。有别于波本威士忌，田纳西威士忌的特点是口感温和。

裸麦威士忌经常被使用在鸡尾酒中。它跟玉米威士忌一样，在威士忌中显得很普通，是很大众化的酒。

● 知名的美国威士忌品牌

四玫瑰（Four Roses）

金冰（Jim Beam）

美格威（Maker's Mark）

4. 加拿大威士忌

加拿大威士忌（Canadian Whiskey）又被称为"黑麦威士忌"（Rye Whiskey），是四大威士忌中口味最清淡的一种。它是以51%以上的黑麦为主要原料，混合大麦等其他谷物，经发酵、蒸馏而成。陈酿4年才可进行勾兑和装瓶销售，陈酿时间越长酒液越甜腻。

- 知名的加拿大威士忌品牌

加拿大俱乐部（Canadian Club），简称C.C.

实用小资讯

- 威士忌的饮用方法

净饮：用洛克杯，把威士忌按分量倒入杯内。

加冰：用洛克杯，把冰块放入杯内，然后按分量倒入威士忌。

混合饮用：以威士忌作基酒调制鸡尾酒，如"威士忌酸""威士忌可乐"等。

- 四国威士忌的比较

项　目	苏格兰威士忌	爱尔兰威士忌	美国威士忌	加拿大威士忌
生产原料	玉米、大麦	大麦含量80%	以玉米为主	以黑麦为主
陈酿时间	至少5年	至少8年	至少2年	至少4年
蒸馏次数	2次	3次	2～3次	2次
其他方面	泥炭烤麦芽，有烟熏味	无烟煤烘烤，无烟熏味	新木桶陈酿	旧木桶陈酿

六、典雅之酒白兰地

　　白兰地的前身就是白葡萄酒。16世纪蒸馏技术还没应用于葡萄酒，当时法国与荷兰间的贸易交往很频繁，但运输距离远，还受到战争的威胁。有个荷兰商人想出了一个妙法，把葡萄酒蒸馏浓缩，运到荷兰后再兑水出售。这样在运输中节省空间，即使遇到战争，遭受的损失也小。这位聪明的商人到了荷兰后，他的朋友们品尝了这种浓缩的葡萄酒，觉得味道甘美，兑水口感反而不好，所以他决定就这样出售。这就是最早的关于白兰地的说法。

　　最好的白兰地产地在法国，以干邑产区（Cognac）和雅文邑产区（Armagnac）生产的佳酿为代表。早在12世纪，干邑区生产的葡萄酒就已经销往欧洲各国。

　　干邑区位于法国西南部，葡萄种植面积达10万公顷，由大香槟区（Grande Champagne）、小香槟区（Petite Champagne）等6个种植园区组成。

● 知名的干邑白兰地品牌

人头马（Remy Martin）

马爹利（Martell）

轩尼诗（Hennessy）

实用小资讯

● 白兰地的饮用方法

净饮：用白兰地杯，把白兰地按分量倒入杯内。

加冰：用洛克杯，把冰块放入杯内，然后按分量倒入白兰地。

混合饮用：以白兰地作基酒调制鸡尾酒，如"白兰地亚历山大"等。

● 等级标志中字母的含义

V——Very（非常的）

S——Special（特殊的）

O——Old（陈酿的）

P——Pale（清澈的）

X——Extra（格外的）

[**想一想**]

你知道龙舌兰里的梅斯卡尔吗？

龙舌兰是生产特基拉酒的主要原料，生长在墨西哥中央高原北部的哈利斯科州一带。墨西哥政府明文规定，只有哈利斯科州特基拉镇生产的以龙舌兰为原料制成的酒，才允许冠以"特基拉"之名出售，而用其他品种的龙舌兰制成的蒸馏酒则称为梅斯卡尔酒。因此，所有的特基拉酒都是龙舌兰酒，但并非所有的龙舌兰酒都可称为特基拉酒。

梅斯卡尔酒与特基拉酒的最大区别在于梅斯卡尔酒里都放有虫子，生活在墨西哥的印第安人认为酒里有令人发疯的邪气，所以他们会在瓶底放入专食龙舌兰根部的小虫子。据说，跟酒一同吞下它，能带给饮者勇气，并且吃掉邪灵。

[**实践园**]

完成下列表格。

蒸馏酒	生产原料	生产国家	知名品牌
特基拉酒			
朗姆酒			
伏特加			
金　酒			
威士忌			
白兰地			

[课后练习]

单项选择

1. 世界著名的六大蒸馏酒是（   ）、伏特加、朗姆酒和特基拉酒。

    A. 雪利酒、威士忌、白酒   B. 白兰地、威士忌、金酒

    C. 白兰地、金酒、白酒   D. 白酒、利口酒、金酒

2. 白兰地的颜色来源是（   ）。

    A. 自然生色   B. 非人工增色

    C. 来自酿酒原料本身   D. 人工增色

3. 下列选项中，（   ）是由杜松子与香料蒸馏而成。

    A. 味美思   B. 金酒   C. 白兰地   D. 威士忌

任务四　七彩缤纷的混配酒

【学习目标】

通过本章学习，了解混配酒的含义和特点；了解利口酒、餐前酒、甜食酒的生产工艺、种类、特点和知名品牌。

【前置任务】

任务 1　调查混配酒。

任务 2　调查利口酒的饮用方法。

【相关知识】

混配酒又称配制酒，是酒类中一个比较特殊和复杂的类别。它的诞生晚于其他单一酒品，由人工混合配制，成为口味更新、酒体更完美的酒品。在调酒中，此类酒常用作辅料被广泛使用。

混配酒主要是以酿造酒或蒸馏酒作基酒，加入可食用的花、果和植物根茎等，采用浸泡、混合勾兑等工艺加工而成的改变了原酒风格的酒品。混配酒种类繁多，风格各异，主要可以分为利口酒、餐前酒、甜食酒和鸡尾酒四大类。

一、利口酒

利口酒的名字"Liqueur"来源于拉丁词语"liquefacere"，是"溶化"的意思，指使人柔和。利口酒主要分为水果型利口酒和植物型利口酒。即以酿造酒或蒸馏酒作基酒，加入水果精华、香料、糖分，经过蒸馏、浸泡、熬煮等过程而成，成品香甜腻人。其颜色、味道和品牌是外国酒类别中最多的。利口酒的主要生产国有法国、英国、意大利、荷兰等。

利口酒的制作方法有三类。

（1）蒸馏法：有两种方式，一是将原料浸泡在烈酒中，然后一起蒸馏；二是将原料浸泡后，取出原料，仅用浸泡过的汁液蒸馏。蒸馏出来的酒液再添加糖和色素。

（2）浸泡法：将原料浸泡在烈酒或加了糖的烈酒中，最后过滤原料而成。

（3）混合法：将天然或合成的香料、香精直接加入烈酒中，以增加酒的香味、色泽与甜味。

●利口酒的主要品种

①Advocaat——鸡蛋白兰地，一种用鸡蛋和白兰地制成的荷兰香甜酒。

②Amaretto——杏仁酒，一种用杏或李作原料制成的意大利香甜酒。

③Apricot Brandy——杏子白兰地，一种杏味的水果白兰地香甜酒。

④Baileys——百利甜酒，一种以爱尔兰威士忌和牛奶香精调制成的奶味香甜酒。

⑤Chambord——香博甜酒，一种以干邑白兰地、覆盆子作原料制成的法国覆盆子香甜酒。

⑥Cherry Brandy——樱桃白兰地，一种樱桃味的水果白兰地香甜酒。

⑦Cointreau——君度酒，一种橙味香甜酒，是法国最著名的Triple Sec Curacaos之一，酒液无色，酒度为40%。

⑧Creme de Banana——香蕉酒，一种把香蕉浸泡在烈性酒中制成的香甜酒。

⑨Creme de Kiwi——奇异果酒，一种带有奇异果味道的香甜酒，酒液呈绿色。

⑩Creme de Lychee——荔枝酒，一种带有荔枝味道的香甜酒，酒液无色透明。

⑪Creme de Melon——蜜瓜酒，一种带有蜜瓜味道的香甜酒，酒液呈绿色。

⑫Creme de Strawberry——草莓酒，一种带有草莓味道的香甜酒，酒液呈红色。

⑬Creme de Cacao——可可酒，一种带有可可、香子兰味道的香甜酒，分为黑白两种颜色。

⑭Creme de Cassis——黑加仑酒，一种带有黑加仑味道的香甜酒，酒液呈棕黑色。

⑮Crème de Menthe——薄荷酒，一种用薄荷油与蒸馏酒调制而成的香甜酒，分为绿、白两种颜色。常用品牌为"Get"。

⑯Curacao——库拉索酒，一种用白兰地、糖和橘皮制成的香甜酒，产自委内瑞拉附近的库拉索岛。该名称泛指所有橘子味香甜酒，有多种颜色，如蓝色的Blue Curacao。如果将库拉索甜酒再经过蒸馏补甜，便可制成干橙酒（Triple Sec Curacao）。

⑰Drambuie——蜜糖甜酒，一种用苏格兰威士忌和蜂蜜制成的香甜酒。"Drambuie"的意思是"令人满意的饮料"。

⑱Frangelico——榛子甜酒，一种用榛子、咖啡、可可等香料制成的香甜酒。

⑲Galliano——嘉利安露酒，一种金黄色的香草香甜酒，生产于意大利米兰，并用细长的酒瓶包装。

⑳Grand Marnier——金万利酒，一种以干邑作原料制成的法国库拉索甜酒。

㉑Kahlua——甘露咖啡酒，一种墨西哥咖啡香甜酒。

㉒Malibu——椰子酒，一种在白朗姆酒中添加椰子味香精的香甜酒。

㉓Maraschino——野樱桃酒，一种用马拉斯加樱桃核调香蒸馏而成的意大利香甜酒。

㉔Parfait Amour——紫罗兰酒，一种用柑橘、花瓣香精作原料制成的香甜酒，酒液呈紫色。

㉕Peach Schnapps——蜜桃酒，一种最好的水蜜桃味香甜酒品牌，酒液无色透明。

㉖Sambuca——森柏加酒，一种酒精含量为38%的意大利茴香香甜酒。

㉗Tia Maria——添万利酒，一种以朗姆酒、咖啡香精调制而成的牙买加香甜酒。

㉘Triple Sec——干橙酒，一种无色透明的库拉索酒。

实用小资讯

● 利口酒的饮用方法

利口酒既可作调酒辅料使用，也可作助消化的餐后甜酒饮用，有些糖分较高或浓度较大的利口酒需加冰稀释饮用。

净饮：用利口酒杯，把利口酒按分量倒入杯内。

加冰：用洛克杯，把冰块放入杯内，然后按分量倒入利口酒。

混合饮用：以利口酒作辅料调制鸡尾酒。

二、餐前酒

餐前酒也称开胃酒，是餐前饮用的酒品，具有生津、开胃、增进食欲的功效，通常以葡萄酒或蒸馏酒作基酒，加上能刺激胃液分泌的植物原料调制而成。其著名产地为意大利。

餐前酒主要分为三类：味美思（Vermouth）、苦酒（Bitter）和茴香酒（Anise）。

1. 味美思

味美思又称苦艾酒，是以葡萄酒作基酒，再配上苦艾等多种药材混合制成的加味葡萄酒，酒精含量为17%～20%，是较受欢迎的开胃酒。

味美思按其含糖量与颜色分为如下几种：

Dry（干）——不含糖分或糖分极少，颜色为浅黄色。

Bianco（白）——有甜味，颜色为金黄色。

Rosso（红）——有明显的甜味，颜色为红棕色。

● 味美思的知名品牌

马天尼（Martini）

仙山露（Cinzano）

2. 苦酒

苦酒又称比特酒，是用葡萄酒或蒸馏酒，加入植物根茎和药材调制而成的，酒度从 18% ~ 49% 均有。

● 苦酒的知名品牌

金巴利（Campari）

杜本纳（Dubonnet）

安哥斯特拉苦精（Angostura）

3. 茴香酒

茴香酒以纯食用酒精或蒸馏酒作基酒，加入茴香油或甜型大茴香子制成。法国产的茴香酒较为突出。其茴香味浓厚，味重而刺激，酒度在 25% 左右。

饮用时一般需要加冰加水稀释。

● 茴香酒的知名品牌

潘诺（Pernod）

实用小资讯

● 餐前酒的饮用方法

净饮：先将鸡尾酒杯预冷，然后把餐前酒按分量倒入已加入冰块的调酒杯中，用吧勺搅拌 10 秒后，用滤冰器过滤酒液，再倒入鸡尾酒杯中，并加入一片柠檬。

加冰：用洛克杯，把餐前酒按分量倒入已加入冰块的杯中，用吧勺搅拌 10 秒后，加入一片柠檬。

混合：餐前酒可与汽水、果汁等混合饮用，用餐前酒调制的鸡尾酒一般都称为餐前鸡尾酒。

三、甜食酒

甜食酒是以葡萄酒作主要原料，加入少量白兰地或食用酒精制成的配制酒。它是欧美人吃甜点时饮用的酒。著名的甜食酒有雪利酒、波特酒。

1. 雪利酒

雪利酒（Sherry）是西班牙产的强化葡萄酒。从制造方法上分为淡色的菲奴（Fino）和浓色的欧罗素（Oloroso）两种。

生产雪利酒，须先把葡萄制成干性葡萄酒，再装入桶中七八分满，让酒液在桶中酝酿，葡萄酒的表面会繁殖出一层白膜。在陈化的过程中，将酒桶叠成数层，每年从最底层的酒桶里取出 1/3 销售，然后从底下第二层的酒桶里取出 1/3 注满最底层的桶，底下第三层的酒又注满底下第二层的桶，以此类推，新鲜的酒液补充到最上层的酒桶中。

● 知名的雪利酒品牌

布里斯特（Bristol）

沙克（Sack）

2. 波特酒

波特酒（Port）产于葡萄牙北部的杜罗河流域，以葡萄酒和白兰地勾兑而成，多为红色强化甜葡萄酒，也有少量干白波特酒。波特酒酒味浓郁芬芳，醇香和果香兼具，在世界上享有很高的声誉。

制作波特酒时，为了从葡萄中获得充足的风味和单宁，最好的办法就是把采收后的葡萄倒入被称为"拉加"的矮石槽里，人们赤脚把葡萄踩碎成浆。当葡萄发酵好后，就将"拉加"内的葡萄汁排出来，加入纯净的白兰地，通常是四份酒兑一份白兰地，白兰地的酒精会把酵母杀死，从而终止发酵。其结果是波特酒比普通葡萄酒口感更强劲，酒精度约有 19%，而大量未发酵的糖分则保留了一份甜蜜。

● 波特酒的知名品牌

山地文（Sandeman）

泰勒（Taylor's）

● 甜食酒的饮用方法

净饮：使用白葡萄酒杯，将冷藏后的甜食酒按分量倒入杯中。

四、鸡尾酒

● 鸡尾酒的典型代表

"酷乐"（Cooler）——一种冰冰凉凉的饮料。在蒸馏酒或葡萄酒中加入柠檬或莱姆等果汁及甜的原料，并以碳酸饮料稀释。不过也有少数几款是不使用碳酸饮料的，如"哈佛酷乐""葡萄酒酷乐"。

"柯林"（Collins）——在蒸馏酒（主要为金酒）中加入柠檬汁及砂糖，并以苏打稀释。需要使用更大的杯子，量也更多，如"约翰可林""汤姆可林"等。

"沙瓦"（Sour）——在蒸馏酒中加入柠檬汁及砂糖来增加酸味及甜味，有时也使用苏打。如"威士忌沙瓦""白兰地沙瓦"等。

"高球"（Highball）——将酒用碳酸饮料或水稀释。各种酒类都可以作基酒。如"威士忌高球""法国苦酒高球"等。

"霸克"（Buck）——一种后劲很强的饮料。在蒸馏酒（主要为金酒）中加入柠檬果肉、果汁及姜汁汽水等原料。如"金霸克""柳橙霸克"等。

"冰锤"（Ice Hammer）——在鸡尾酒杯或香槟杯（浅碟形）中放入细粒碎冰，倒入香甜酒并插上吸管。有时，也将原料跟冰块一起摇荡。如"薄荷冰锤""绿色苦艾酒冰锤"等。

〔想一想〕

1. 单一麦芽威士忌属于混配酒吗？

不属于。因为单一麦芽威士忌只用一种麦芽酿成，没有加入其他原料，所以不属于混配酒。

2. 果汁加入蒸馏酒后属于混配酒吗？

属于。因为果汁加入蒸馏酒就成了利口酒，而利口酒又是混配酒的一种，所以果汁加入蒸馏酒后属于混配酒。

〔实践园〕

探究混配酒和蒸馏酒的异同，完成下列表格。

相 同		不 同	
混配酒	蒸馏酒	混配酒	蒸馏酒

〔课后练习〕

单项选择

1. 餐前鸡尾酒通常（   ）。

   A. 含糖分较少，口味或酸或干烈　　　B. 口味极其甜腻

   C. 不含酒精　　　　　　　　　　　　D. 以果汁为主

2. 以葡萄酒或蒸馏酒作基酒，加入植物根茎和（   ）制成苦酒。

   A. 药材　　　　B. 果皮　　　　C. 香料　　　　D. 糖浆

3. 茴香酒是以纯食用酒精或（   ）作基酒制成的。

   A. 蒸馏酒　　　B. 葡萄酒　　　C. 发酵酒　　　D. 白酒

项目二

鸡尾酒你知多少

任务一　鸡尾酒的定义

〔学习目标〕

了解鸡尾酒的历史与发展，掌握鸡尾酒的定义及基本结构。

〔前置任务〕

通过上网搜索、翻阅书籍、访问外国朋友等方式查找与鸡尾酒相关的起源故事、风俗习惯及历史文化。

〔相关知识〕

鸡尾酒到底是什么呢？鸡尾酒其实就是在酒中掺入了其他原料的一种饮料，也就是一种复合式饮料。原则上鸡尾酒以酒类作基调。

一、鸡尾酒的起源

鸡尾酒的由来，民间一直流传着很多说法。一种说法是在 18 世纪时美国某饭店老板要将女儿嫁给找到火鸡的人。于是就有人在庆祝酒会上，将各种酒混合，并以火鸡的尾毛装饰，后来人们就把这种酒称为鸡尾酒。

另外一种说法是在 1920—1933 年美国实施禁酒令期间，卖私酒的违法行为泛滥。那些私酒的质量极为低劣，不堪入喉，于是就有人在其中加入果汁、糖浆混合饮用，这样，各式各样的鸡尾酒就应运而生了。

事实上，在"鸡尾酒"一词出现以前，鸡尾酒已经流传很久了。在古埃及，人们就已经在啤酒中加入蜂蜜或椰子汁来饮用；在古希腊及古罗马时代，人们曾在葡萄酒中加入果汁或用海水稀释后饮用。19 世纪中期，在制冰机发明后，冰凉美味的现代鸡尾酒开始出现，制冰机的发明让人们在任何时候都可以调制出冰镇鸡尾酒。

二、鸡尾酒的基本结构

鸡尾酒的基本结构是基酒、辅料和装饰物三部分。

（1）基酒：主要以烈性酒为主，包括金酒、威士忌、白兰地、伏特加、朗姆酒、特基拉酒等，葡萄酒、啤酒、清酒等低度酒也可做基酒。

（2）辅料：是指搭配的酒水、各类软饮料和调味品等原料，又称调缓副原料，它可使鸡尾酒形成苦、辣、酸、甜、咸等不同的口味，并可降低基酒的酒精浓度、增添鸡尾酒的色彩。

（3）装饰物：鸡尾酒的装饰对创造酒品的整体风格、整体艺术效果及增强酒品的外在魅力起着至关重要的作用。

三、不同季节喝不同的鸡尾酒

春天最适合品尝带有苦味的鸡尾酒。尤其推荐"金巴利苏打"（Campari & Soda）之类使用了药草类香甜酒的鸡尾酒。

夏天则最适合酸味。"琴费士""威士忌沙瓦"（45毫升的威士忌配上20毫升的柠檬汁，再加上一匙砂糖）之类的费士型及沙瓦型的鸡尾酒就相当不错。

硕果累累的丰收之秋，鸡尾酒也应该有水果的香甜才会更加美味。使用了柳橙汁及杏桃白兰地的"天堂乐园"（Paradise）就是很好的选择。

在严寒的冬天里，则最适合辛辣、酒精浓度高的鸡尾酒。一年之中，冬天是喝"马天尼"最好的季节。如果想要尝试一点不一样的，则建议挑战"僵尸鸡尾酒"（Zombie Cocktail）。这是一款混合了清淡朗姆酒、金色朗姆酒及深色朗姆酒的鸡尾酒，还会倒入75.5度的朗姆酒。只要喝上一杯，心脏就会扑通乱跳。

〔想一想〕

什么是鸡尾酒？

《韦氏辞典》对鸡尾酒所下的定义是：鸡尾酒是一种量少而冰镇的酒。它是以朗姆酒、威士忌、其他烈酒或葡萄酒作基酒，配以其他原料，如果汁、蛋、苦精、糖等，以搅和法或摇和法调制而成，再饰以柠檬片或薄荷叶。

〔实践园〕

用自己熟悉的酒水原料，如可乐、桂花陈酒、橙汁、二锅头等自创一杯鸡尾酒，并完成以下实验报告。

基　酒	辅　料	装　饰	口感、味觉

〔课后练习〕

单项选择

1. 鸡尾酒起源于（　　　）。

    A. 美国   B. 英国   C. 法国   D. 意大利

2. 《韦氏辞典》对鸡尾酒所下的定义是：鸡尾酒是一种（　　　）。

    A. 量大的混配酒   B. 量极大而冰镇的水果酒

    C. 量少而需加热的混配酒   D. 量少而冰镇的酒

任务二　鸡尾酒的种类

〔 学习目标 〕

　　掌握鸡尾酒的四种分类方法，熟悉不同分类方法里具有代表性的鸡尾酒。

〔 前置任务 〕

　　预习相关知识并以学习小组为单位，把任务一实践园所创作出的鸡尾酒按照配方进行分类。

〔 相关知识 〕

　　目前，有记录的鸡尾酒配方就有上万种，世界上流行的鸡尾酒也有三四千种。鸡尾酒的种类很多，分类方法也不尽相同。

一、按饮用时间和场合分

　　鸡尾酒按照饮用时间和场合可分为餐前鸡尾酒、餐后鸡尾酒、晚餐鸡尾酒、夏日鸡尾酒和派对鸡尾酒等。

1. 餐前鸡尾酒

　　餐前鸡尾酒主要是在餐前饮用，能起到生津开胃的作用。这类鸡尾酒通常含糖分较少，口味或酸或干烈，即使是甜型餐前鸡尾酒，口味也不是十分甜腻。常见的餐前鸡尾酒有"马天尼""曼哈顿"及各类酸酒等。

2. 餐后鸡尾酒

　　餐后鸡尾酒是在餐后佐助甜品，能帮助消化，因而口味较甜。酒中使用较多的是利口酒，尤其是香草类利口酒。这类利口酒中掺入了诸多药材，饮后能化解食物淤结、促进消化。常见的餐后鸡

尾酒有"B&B""史丁格""亚历山大"等。

3. 晚餐鸡尾酒

晚餐鸡尾酒是正餐时佐餐用的鸡尾酒，一般口味较辣，酒品色泽鲜艳，且非常注重酒品与菜肴的搭配，有些可以作为头盘、汤的替代品。

4. 夏日鸡尾酒

这类鸡尾酒清凉爽口，具有生津解渴的作用，尤其适合在热带地区或盛夏酷暑时饮用，味美神怡，香醇可口。如冷饮类酒品、柯林类酒品、"庄园宾治""长岛冰茶"等。

5. 派对鸡尾酒

这是在一些聚会场合使用的鸡尾酒，其特点是非常注重酒品的口味和色彩搭配，酒精含量一般较低。派对鸡尾酒既可以满足人们交际的需要，又可以烘托气氛，很受年轻人的喜爱。常见的派对鸡尾酒有"特基拉日出""自由古巴""马颈"等。

二、按基酒分

按照调制鸡尾酒基酒品种进行分类也是一种常见的分类方法，且这种分类方法比较简单易记，主要有以下几种：

（1）以金酒作基酒的鸡尾酒，如"金飞士""红粉佳人""新加坡司令"等。

（2）以威士忌作基酒的鸡尾酒，如"老式鸡尾酒""威士忌酸""曼哈顿"等。

（3）以白兰地作基酒的鸡尾酒，如"亚历山大""白兰地蛋诺"等。

（4）以朗姆酒作基酒的鸡尾酒，如"百家地""得其利""迈泰"等。

（5）以伏特加作基酒的鸡尾酒，如"黑俄罗斯""血腥玛丽""螺丝钻"等。

（6）以中国白酒作基酒，如二锅头勾兑可乐等。

[想一想]

用不同的调制方式调制的鸡尾酒，饮用方法也不相同。那么鸡尾酒按饮用方法如何分类呢？

1. 长饮（Long Drink）

用烈酒、果汁、汽水等混合调制，酒精含量较低，冰块较多，是一种较为温和的酒品，最佳饮用时间在30分钟以内，最长饮用时间是1小时，故称为长饮。

2. 短饮（Short Drink）

一种酒精含量高、量较少的鸡尾酒，杯中不含冰块，出品前要冰杯，最佳饮用时间在15分钟以内，最长饮用时间是30分钟，如"马天尼""曼哈顿"等。

〔**实践园**〕

每个学习小组选择 1～2 名学生为代表，依照鸡尾酒的类型，介绍三款鸡尾酒，完成下列表格。

名　　称	类　　型	特点（从视觉、嗅觉、味觉及其内涵等方面分析）

〔**课后练习**〕

单项选择

1. 下列不属于按时间分类的鸡尾酒是（　　　）。

　　A. 餐前鸡尾酒　　　　　　　　　B. 晚餐鸡尾酒

　　C. 派对鸡尾酒　　　　　　　　　D. 睡前鸡尾酒

2. 以下属于以白兰地作基酒的鸡尾酒是（　　　）。

　　A. "红粉佳人"　　　　　　　　　B. "血腥玛丽"

　　C. "亚历山大"　　　　　　　　　D. "古典"

3. 以下不属于长饮鸡尾酒的特点是（　　　）。

　　A. 酒精含量高　　　　　　　　　B. 不易变质

　　C. 口感温和　　　　　　　　　　D. 可长时间饮用

4. 餐前鸡尾酒通常（　　　）。

　　A. 含糖分较少，口味或酸或干烈　　B. 口味极其甜腻

　　C. 不含酒精　　　　　　　　　　D. 以果汁为主

任务三　鸡尾酒的基本饮用方法

【学习目标】

认识不同类型的鸡尾酒及饮用方法。

【前置任务】

查找不同调制方法的鸡尾酒，并了解相关知识与饮用方法。

【相关知识】

所谓鸡尾酒，其实是混合酒，一般是指将烈酒配以果汁、汽水等混合，或者还会加入其他原料，如奶油、鸡蛋等，因其能将烈酒的酒精度大幅降低，所以更受女士欢迎。

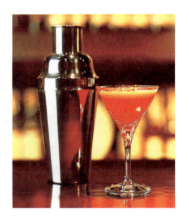

鸡尾酒的口味会随着调酒人的心思而变化。为了增加鸡尾酒的色彩和美感，调酒人还十分注重装饰。饮用方法：鸡尾酒一大半是冷饮，当然也有热饮，饮料的温度与人体温度相差 25 ~ 30 ℃是最舒适的。冷饮的温度一般是 6 ~ 10 ℃，热饮的温度一般是 62 ~ 67 ℃。

【想一想】

冰块的大小或形状是否对鸡尾酒的饮用方法有影响？

【实践园】

在老师的指导下，分组讨论鸡尾酒的种类及饮用方法。

【课后练习】

单项选择

1. 鸡尾酒的冷饮温度一般是（　　　　）℃。

　　A. 6 ~ 10　　　　　B. 0 ~ 5　　　　　　C. –5 ~ 0　　　　　D. 11 ~ 16

2. 鸡尾酒的热饮温度一般是（　　　　）℃。

　　A. 52 ~ 57　　　　B. 62 ~ 67　　　　　C. 72 ~ 77　　　　　D. 82 ~ 87

项目三

走进鸡尾酒的调制世界

任务一 认识你的调酒装备

【学习目标】

认识常用的调酒工具并掌握使用方法。了解常用酒杯的规格及其用途。

【前置任务】

以学习小组为单位,搜集 6 种调酒工具,了解搜集到的工具的用途。

【相关知识】

一、常用的调酒工具及使用方法

英式标准摇壶	美式波士顿摇壶	调酒杯	量酒器

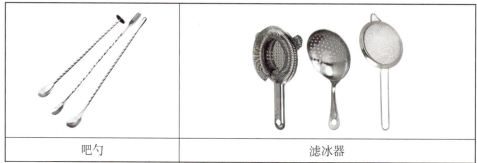

吧勺	滤冰器

1. 英式标准摇壶

英式标准摇壶(British Standard Shaker)由壶身、滤冰器和壶盖三部分组成。

使用方法:

(1)单手摇法:用食指压住壶盖,其余四指顺握壶身,用腕力摇壶,摇动时摇壶从腰部至头部划弧线。

（2）双手摇法：用右手大拇指压住壶盖，左手无名指托着壶身底部，其他手指支撑壶身。双手握紧调酒壶，以壶盖朝下的方向将摇壶抬高至肩膀，用手腕上下摇动。

2. 美式波士顿摇壶

美式波士顿摇壶（American Boston Shaker）因其操作快捷方便，是专业调酒师较喜欢的一种工具。它由两只锥形杯组成，分别是玻璃调酒杯和不锈钢壶身。也有直径不同的两只不锈钢壶身组合而成的美式波士顿摇壶。

3. 调酒杯

调酒杯（Mixing Glass）是一种阔口、高身的厚玻璃杯，容量为16～28盎司，常与锥形不锈钢壶身组成美式波士顿摇壶，与吧勺、滤冰器组合使用。

4. 量酒器

量酒器（Jigger）是用来度量酒水分量的工具。分不锈钢和玻璃两种材质，其中不锈钢量酒器上下两头最常见的容量为30毫升和45毫升。

使用方法：使用量酒器时通常应用拇指、食指和中指共同夹住量杯，而不能用手紧握量酒器，以防止手上的热量传导给酒水。

5. 吧勺

吧勺（Bar Spoon）是用来搅拌原料的汤勺。柄部呈螺旋状，能够快速旋转，提高搅拌效率。叉子的作用是用来打发鸡蛋清，破坏蛋清结构。

使用吧勺时，应用右手中指与无名指夹住吧勺螺旋状部分，其余手指顺握住吧勺，将吧勺背紧贴杯壁，按顺时针方向搅动。

6. 滤冰器

滤冰器（Strainer）是用于过滤冰块的工具，为不锈钢材质，常与美式摇壶或调酒杯组合使用，分为两脚、四脚和无脚三种，适用于16～18盎司的美式摇壶和调酒杯。

二、常用酒杯

柯林杯	高杯	洛克杯	古典杯	马天尼杯	高脚葡萄酒杯

柯林杯（Collins Glass）：常用规格为 12～14 盎司，用于盛装烈酒勾兑软饮料类的酒品、混合饮料及一些特定的鸡尾酒。

高杯（High Ball Glass）：常用规格为 8～10 盎司，用于盛装各种汽水、软饮料及一些特定的鸡尾酒。

以上两种杯具都属于平底高杯，外形极为相似，可从容量大小、杯口直径等方面进行区分。

洛克杯（Rocks Glass）：常用规格为 6～8 盎司，用于盛装烈酒混合冰块、纯烈酒及一些特定的鸡尾酒。

古典杯（Old Fashion Glass）：常用规格为 8～10 盎司，与洛克杯属同类型杯具，使用方法一致。

马天尼杯（Martini Glass）：常用规格为 4 盎司或 12 盎司，用于盛装鸡尾酒和一些特殊的短饮。使用这种杯子盛装鸡尾酒前必须经过冰杯处理或直接冷冻处理。

高脚葡萄酒杯（Tall Wine Glass）：容量规格多样，常用规格为 12 盎司，用于盛装葡萄酒和一些特殊的饮品。

〔想一想〕

怎样区分柯林杯和高杯？

柯林杯和高杯都属于平底高杯，外形在同品牌下几乎一样，可通过杯口直径、杯身高度和容量大小来区分。当相互对比时，可准确区分它们。一般情况下，容量大、杯身高的是柯林杯；在没有参照物（只有一种杯子）的情况下，既可称高杯又可称柯林杯。

〔实践园〕

以学习小组为单位，写出至少3种搜集到的酒吧工具的用途，完成下列表格。

酒吧工具	用　途

〔课后练习〕

单项选择

1. 滤冰器的过滤网通常是（　　　）。

　　A. 八角形的　　　　　　　　　B. 六角形或半圆形的

　　C. 正方形或长方形的　　　　　D. 圆形的

2. 在调制鸡尾酒进行示瓶时，应用右手托住瓶子的（　　　）。

    A. 上底部　　　　　B. 瓶口　　　　　C. 下底部　　　　　D. 瓶颈

3. 用摇和法调制鸡尾酒时，应首先在摇壶中放入（　　　）。

    A. 辅料　　　　　B. 基酒　　　　　C. 软饮料　　　　　D. 冰块

任务二　水果能让你成为色彩大师

〔 学习目标 〕

掌握鸡尾酒的颜色与原料的关系。

〔 前置任务 〕

调查各种鲜榨果汁的制作方法。

〔 相关知识 〕

善于使用水果蔬菜这些辅助原料不仅能给鸡尾酒带来诱人的魅力，还能使鸡尾酒的颜色有千变万化的效果。

粉红——"龙舌兰日落"：柳橙汁＋红石榴糖浆＋龙舌兰

红〈 "杰克玫瑰"：红石榴糖浆＋"杰克丹尼"＋莱姆汁
"巴黎人"：黑醋栗香甜酒＋琴酒＋干型古艾酒

蓝——"蓝色星期一"：蓝柑橘香甜酒＋伏特加＋白柑橘香甜酒

红〈 "约翰可林"：柠檬汁＋威士忌＋砂糖＋苏打水
"斗牛士"：凤梨汁＋龙舌兰＋莱姆汁

红〈 "哈密瓜球"：哈密瓜香甜酒＋伏特加＋柳橙汁
"环游世界"：绿薄荷香甜酒＋琴酒＋凤梨汁

红〈 "黑雨"：黑森柏加茴香酒＋香槟
"黑色丝绒"：司陶特啤酒＋香槟

〔 想一想 〕

1. 常见的鲜榨果汁有哪些？

橙汁（Orange Juice）；

西瓜汁（Watermelon Juice）；

杧果汁（Mango Juice）；

苹果汁（Apple Juice）；

木瓜汁（Papaya Juice）；

胡萝卜汁（Carrot Juice）；

菠萝汁（Pineapple Juice）。

2. 为什么酒店的鲜榨果汁总会提前制好？

"鲜榨果汁出品服务"规定，果汁中不得加入冰块。为达到最佳饮用温度，酒店会提前榨取果汁，放进冰箱中冷藏备用。

也有酒店采取即点即榨的方式现榨果汁。为确保适合的饮用温度，榨汁前需把水果冷藏，当榨汁完成后立即倒入杯中给客人饮用。

〔实践园〕

使用鲜榨果汁调制一款鸡尾酒，完成下列表格。

名　称	基　酒	辅料（鲜果汁）	装　饰	味觉感受

〔课后练习〕

单项选择

1."血腥玛丽"的装饰物是（　　　）。

　A. 芹菜秆　　　　B. 红樱桃　　　　C. 柠檬片　　　　D. 青柠角

2. 鸡尾酒由基酒、辅料和（　　　）三部分组成。

　A. 杯垫　　　　B. 装饰　　　　C. 吸管　　　　D. 搅拌棒

3."干马天尼"的装饰物是（　　　）。

　A. 樱桃　　　　B. 柠檬片　　　　C. 青柠角　　　　D. 青橄榄

任务三 冰块的妙用

〔学习目标〕

了解冰块对鸡尾酒的影响。

〔前置任务〕

探究鸡尾酒与冰块的关系，查找制作高质量冰块的方法。

〔相关知识〕

鸡尾酒与冰块的关系是紧密相连、无法分离的。冰块除了可以用来冷却杯中的鸡尾酒，还可以用来冷却混合原料，或是用来制作冰钻型或霜冻型鸡尾酒，用途可以说是非常广泛。少了冰块，绝大部分鸡尾酒都做不出来。

冰块的种类也分很多种，如果使用了容易融化的冰块，或是有味道的冰块，将有损鸡尾酒的风味。最适合用来调制鸡尾酒的是坚硬、不易融化、内部不含气泡、透明度很高的冰块。根据鸡尾酒种类的不同，使用的冰块也不同。

● 冰块的种类

（1）大冰块（Block of Ice）：质量达 1 千克以上的冰块。可以用凿冰器敲碎，或是直接放入鸡尾酒缸中使用。

（2）大圆冰块（Lump of Ice）：拳头大小的冰块。在制作纯加冰块的威士忌时使用，制作时尽量切削成圆形，这样不易融化。

（3）碎冰块（Cracked Ice）：直径 3 ~ 4 厘米，形状不规则。经常使用在摇荡法或是搅拌法中。棱角越少越好。

（4）方块冰（Cubed Ice）：长约 3 厘米的立方体冰块，是最常见的冰块形状。多放入高球杯或柯林杯之类的长饮型酒杯中使用。

（5）细粒碎冰（Crushed Ice）：敲得很细的粒状碎冰。多用于热带水果鸡尾酒。使用碎冰机可以很轻松地制作细粒碎冰。如果没有碎冰机，就用塑料袋或干毛巾包住冰块后，以木槌之类的工具敲打。

（6）刨冰（Shaved Ice）：夏天用来制作刨冰的细小冰沙。将细粒碎冰磨得更加粉碎而成，又称为冰钻冰沙。

〔想一想〕

除了冰块和水之外，还有什么因素会影响鸡尾酒的味道？

为什么不同的调制手法也会影响鸡尾酒的风味？

〔实践园〕

使用不同方法制作冰块并品尝，说说有什么不同之处，完成下列表格。

冰块种类	球状冰块	方块冰	细粒碎冰	刨冰
口　感				

〔课后练习〕

单项选择

1. 长饮酒品的容量较大，所以加入（　　　）能让顾客长时间品尝。

　　A. 搅拌　　　　　　B. 吸管　　　　　　C. 冰块　　　　　　D. 青柠角

2. 把冰块放在（　　　），能让冰块更新鲜。

　　A. 常温　　　　　　B. 制冰机　　　　　　C. 冰柜　　　　　　D. 冷藏库

3. 大冰块通常质量达（　　　）以上。

　　A. 0.5 千克　　　　B. 0.9 千克　　　　C. 1 千克　　　　D. 0.1 千克

任务四　糖可以增加鸡尾酒的甜度

【学习目标】

了解糖在饮品中的使用和糖浆的品种，掌握制作糖浆的原理和方法。

【前置任务】

准备2～3种糖、两个玻璃杯及少量白开水。

【相关知识】

一、关于糖浆

在饮品制作中加入甜味剂可以达到增强饮品甜度的目的。现多用糖作为甜味剂。

液态糖又称为糖浆、糖胶、糖水。常见的品种有蜜糖、红糖浆、绿糖浆和白糖浆等。由于容易融合在液体中，因此被广泛地使用于饮品中。

固态糖适合用于热饮，如制作咖啡时放入的白糖。

酒吧中白糖浆通常是自行调配的，其制作原理如下：

（1）调配比例：搅拌法白糖与水的比例是1：1；熬制法白糖与水的比例是1：1.2。

（2）白糖浆的制作。

①搅拌：用搅拌机把白糖和水充分搅和在一起。此方法较为方便实用，在酒吧中被广泛使用。

②熬制：把白糖和水通过加热的方式融合在一起，为了保证糖浆成品色泽纯净，一般使用不锈钢锅（桶）。需要制作大量糖浆时可用此方法。

（3）制作过程中应注意的事项：

①制作量不宜过大，不超过一周的用量。

②制作好的白糖浆应放入冰箱中冷藏，保质期为一周。

③若白糖浆出现返砂现象，应停止使用。

二、制作糖浆

为了制作出简单的甜味剂，可使用粗白糖。

制作方法：准备粗白糖和水。将粗白糖与水倒入锅中，一边搅拌一边以小火加热，其间不能让其沸腾。关火后等其冷却，装入瓶中保存。

〔想一想〕

1. 用搅拌机制作糖浆，保质期一般为多长时间？

2~3天，因为用搅拌机制作的糖浆没有经过高温消毒。

2. 送上冻奶茶时应配上糖浆还是砂糖？

应配上糖浆，因为砂糖难溶于冷饮，而糖浆容易融合在液体当中，所以应配上糖浆。

〔实践园〕

使用准备好的糖制作糖浆并品尝，说说在不同条件下制作的糖浆有什么不同，完成下列表格。

糖 类	比 例	水 温	制作方式	味 道

〔课后练习〕

单项选择

1. 酒吧中白糖浆的调配比例，搅拌法白糖与水的比例是（　　　）。

　A. 1：1　　　　　B. 2：1　　　　　C. 2：2　　　　　D. 1：3

2. 白糖浆在冰箱中的保质期为（　　　）。

　A. 一个月　　　　B. 一周　　　　　C. 三周　　　　　D. 三个月

3. 下列选项中，最适合调制鸡尾酒的是（　　　）。

　A. 粉砂糖　　　　B. 方糖　　　　　C. 粗白糖　　　　D. 上白糖

任务五　准确测量原料分量

【学习目标】
掌握测量原料分量的方法。

【前置任务】
准备一个量酒器并测出它的容量大小。

【相关知识】
如果已调制过各式各样的鸡尾酒，也找到了调制鸡尾酒的感觉，那么接下来就可以试着将自己喜欢的原料进行组合搭配制作鸡尾酒。但对于鸡尾酒初学者来说，还是建议按照调制法所标明的分量来调配。在掌握基本调制法之后再尝试加入自己的想法，这样调制出来的鸡尾酒才会更好喝。

一、量杯和吧叉匙

鸡尾酒调制法中的计量方式多以毫升（mL）或分数来表示，此时应该使用量杯来量度。而如果是以 bsp（Bar Spoon）为单位标记的，则应该用吧叉匙来计量。

另外，分数的表示方法是将杯子的总容量看成 1 来计算。如果是 1/2，意思就是整个杯子的一半。

以鸡尾酒杯为例，总容量是 90 毫升，但鸡尾酒只会倒入八分满，所以适当的鸡尾酒量是 70 毫升。还要设定冰块融化量是 10 毫升，扣掉这 10 毫升后的量是 60 毫升。计算的时候，就把这 60 毫升的量看成 1。如果是"金酒 1/2"，就是倒入 30 毫升的金酒。

二、熟记经常使用的计量单位

量杯：盎司（oz）是美国常使用的计量单位。以量杯来测量，1.5 盎司（约 45 毫升）等于 1 Jigger。

吧叉匙：bsp 指一吧匙。以吧匙来测量，一吧匙砂糖是 5 克。

苦酒瓶：滴（drop），倒转苦酒瓶，自然落下 1 滴的分量。主要用来添加香气。极微量（dash），将苦酒瓶甩动一次流出的分量约是 1 毫升。

实用小资讯

● 常用计量单位换算

（1）酒吧常用计量单位换算：

1 Ounce（盎司）= 28.41 毫升 ≈ 30 毫升

1 Jigger ≈ 1.5 盎司 ≈ 45 毫升

1 Tea Spoon（tsp）≈ 1/8 盎司 ≈ 4 毫升

1 Bar spoon（bsp）≈ 2 毫升

1 Dash ≈ 1 毫升

（2）酒水容量的表示方法：

盎司表示法——盎司

毫升表示法——毫升

分数表示法——用分数与杯具标准容量相乘可得出实际容量。

● 冰杯处理

为达到温度要求，有个别杯具在使用前须对其进行冰杯处理（预冷），方法如下：

（1）在杯中装满冰块冷冻；

（2）在杯中装满冰块和饮用水冷冻；

（3）把杯子放入专用冰箱冷冻；

（4）将 1～2 粒冰块放入杯中，手指捏着杯脚，轻轻晃动杯子，让杯子冷冻。

〔**想一想**〕

吧叉匙可以用来测量原料的分量吗？

可以。小吧叉匙一勺约是 3 毫升，大吧叉匙一勺约是 5 毫升。

〔**实践园**〕

使用量杯测出常规洛克杯和高杯的容量。

杯　具	量杯（刻度）	量度过程	容　量
洛克杯			
高杯			

〔**课后练习**〕

单项选择

1. 量杯是酒吧的（　　）用具之一。

　A. 运输　　　　　B. 储物　　　　　C. 清洁　　　　　D. 调酒

2. 量酒要求（　　）手将酒倒入量杯，倒满收瓶口，（　　）手将酒倒进所要用的容器中。

　A. 左 / 右　　　　B. 右 / 左　　　　C. 左 / 左　　　　D. 右 / 右

3. 常见的量杯组合的型号是（　　　）。

　A. 19 毫升和 39 毫升　　　　　　B. 20 毫升和 66 毫升

　C. 28 毫升和 45 毫升　　　　　　D. 10 毫升和 20 毫升

任务六　为鸡尾酒锦上添花

〔学习目标〕

掌握并运用不同的原料给鸡尾酒做装饰。

〔前置任务〕

搜集两款使用盐边装饰鸡尾酒的资料。

〔相关知识〕

一、水果、蔬菜做装饰

（1）片状：切成圆形的薄片，以半径的长度切一刀，装饰的时候以切口夹住杯口。

（2）半圆状：切成薄片后再对切，不需按照果肉纹路，垂直切开，装饰的时候以切口夹住杯口。

（3）弯月形：切掉蒂头后以垂直的方向切成8等份。诀窍是先对切后再各切成4等份，在果肉跟果皮中间切开，装饰的时候将果肉挂在杯口，果皮垂在杯外。

（4）凤梨：多使用在热带水果鸡尾酒中。使用时切掉头部跟尾部，并将皮削掉。

（5）芹菜、小黄瓜：两者皆是切成条状。芹菜要先将多余的叶子除掉。经常被使用在西红柿汁调制的鸡尾酒中，可以代替搅拌棒来搅拌鸡尾酒。这样的鸡尾酒有时也被当作餐点的前菜。罐头的汁也可以当作果汁来调制鸡尾酒。

（6）樱桃、橄榄、洋葱：为了方便取食，一般多以鸡尾酒签插住。

二、香草及香料也可以用来调制鸡尾酒

（1）薄荷：紫苏科的香草，含在口中有清凉感，捣烂后可以加入鸡尾酒中或当成装饰物。

（2）肉桂：樟科植物，将树皮干燥后制成。香味独特，混合着甜味和辣味。有粉状和棒状两种。棒状肉桂可以当作搅拌棒来搅拌鸡尾酒。

（3）肉豆蔻：由肉豆蔻科植物的种子果仁干燥后制成。作用在于消除牛奶或鲜奶油的腥臭味。常用在加了奶油的鸡尾酒中。

（4）胡椒：鸡尾酒中使用的多为白胡椒。白胡椒是以成熟果实的种子制成，香味浓

烈。黑胡椒则是用未成熟的果实制成的。

（5）丁香：由丁香的花苞干燥后制成。丁香有甘甜香，加热后香味会更加浓烈，因此被使用在热饮型鸡尾酒中。

三、不可不知的鸡尾酒修饰法

（1）漂浮（Float）：利用原料比重不同的特性，让杯中的原料层层叠起而不混合的技法。具有代表性的鸡尾酒有"天使翼尖""美国柠檬水"等。

（2）挤果皮（Twist）：将柠檬等水果的皮切下 2 厘米左右，以果皮表面对准杯口，挤压果皮让鸡尾酒沾上水果的香气。

（3）杯口糖霜法：让杯口沾上砂糖（粗口糖）或盐的修饰法。将杯口外侧靠在柠檬切口上旋转，让整个杯口都沾湿，把砂糖（或盐）摊平在平坦的盘中，倒转玻璃杯盖上去。

〔**想一想**〕

杯口的砂糖或盐算是装饰物吗？

这是一种称为杯口糖霜法的手法，可以让杯口宛如凝结了一层雪一般。具有代表性的鸡尾酒有"玛格丽特""雪国""咸狗"等。

杯口糖霜法并不只有单纯的装饰作用。尝到砂糖或盐，会使酒的味道更加温和醇厚，但也没有必要全部尝完，只需依自己的喜好旋转杯口，调整鸡尾酒的甜度或辛辣度就可以了。就算剩下糖，也不是件失礼的事。

〔**实践园**〕

试着调制一杯有盐边的"玛格丽特"和一杯没有盐边的"玛格丽特"，从视觉和味觉上比较二者有何异同，完成下列表格。

	视　觉		味　觉	
	相　同	不　同	相　同	不　同
"玛格丽特"				

〔**课后练习**〕

单项选择

1. 下列选项中，（　　）这款鸡尾酒需要做盐边。

    A. "红粉佳人"　　　　　　　　B. "玛格丽特"

    C. "干马天尼"　　　　　　　　D. "亚历山大"

2. "血腥玛丽"的装饰物是（ 　　 ）。

A. 芹菜杆　　　　　　　　　　　B. 红樱桃

C. 柠檬片　　　　　　　　　　　D. 青柠角

任务七　调酒的四大手法

掌握调制鸡尾酒的四种基本技法。

了解鸡尾酒的调制方法及其特点。

调制鸡尾酒的四种基本技法：摇和法、搅和法、兑和法、调和法。其中，摇和法除了可以让原料混合在一起外，还可以让原料的温度降至0 ℃。借由在没有外部空气进入的密闭容器内搅动原料，达到快速降温的效果。此外，摇和法也可以让原料跟空气混合，使口感更加温和平顺。

1. 摇和法

摇和法（Shaking）又称摇晃法，是把酒水与冰块按比例放进摇酒壶里混合，摇匀后过滤冰块或一起倒入杯中。

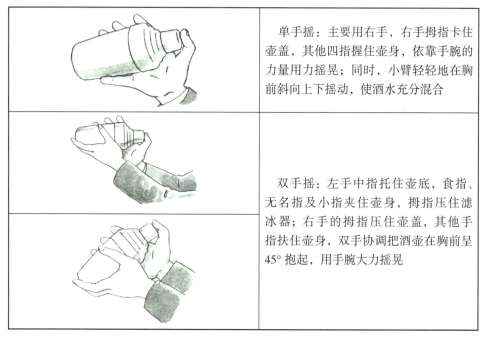

	单手摇：主要用右手，右手拇指卡住壶盖，其他四指握住壶身，依靠手腕的力量用力摇晃；同时，小臂轻轻地在胸前斜向上下摇动，使酒水充分混合
	双手摇：左手中指托住壶底，食指、无名指及小指夹住壶身，拇指压住滤冰器；右手的拇指压住壶盖，其他手指扶住壶身，双手协调把酒壶在胸前呈45°抱起，用手腕大力摇晃

2. 搅和法

搅和法（Blending）是把酒水与碎冰按比例放进电动搅拌机中，利用高速旋转的刀片将原料充分搅碎混合。此方法适用于以水果、冰激凌等固体原料调味的或为制作泡沫、冰沙等效果的饮品。

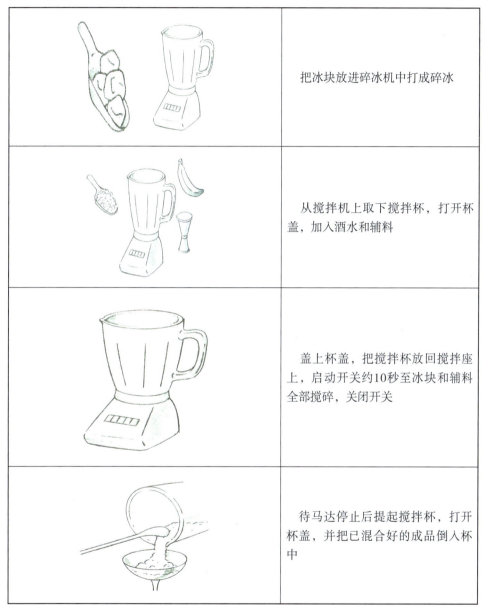

	把冰块放进碎冰机中打成碎冰
	从搅拌机上取下搅拌杯，打开杯盖，加入酒水和辅料
	盖上杯盖，把搅拌杯放回搅拌座上，启动开关约10秒至冰块和辅料全部搅碎，关闭开关
	待马达停止后提起搅拌杯，打开杯盖，并把已混合好的成品倒入杯中

3. 兑和法

兑和法（Building）有两种形式：一种是直注法，将配方中的酒水按比例直接倒入杯中，不需搅拌而直接出品；另一种是起层法（Layering），根据各种酒水之间的不同比重，借助吧勺将酒水缓缓倒入杯中，产生层叠效果。

起层系列：

	右手拿吧勺，左手把要起层的酒水经吧勺缓缓倒入载杯中，产生分层效果

4. 调和法

调和法（Stirring）是借助吧勺调匀原料的一种方式。按照不同的出品要求，调和法分为调和与滤冰、连冰调和两种方法。

调和与滤冰是在调酒杯中把冰块与酒水原料调匀后，再滤去冰块，倒入杯中的方法。

连冰调和是在酒杯中直接把冰块与酒水原料调匀出品的方法。

调和与滤冰：

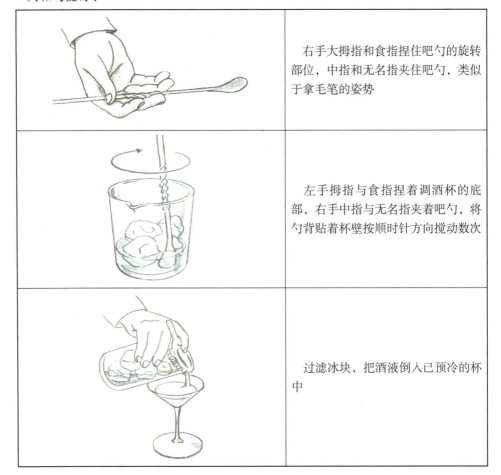

	右手大拇指和食指捏住吧勺的旋转部位，中指和无名指夹住吧勺，类似于拿毛笔的姿势
	左手拇指与食指捏着调酒杯的底部，右手中指与无名指夹着吧勺，将勺背贴着杯壁按顺时针方向搅动数次
	过滤冰块，把酒液倒入已预冷的杯中

〔**想一想**〕

"长岛冰茶"这款鸡尾酒可以用哪几种方法调制？

有两种方法，分别是兑和法和摇和法。对于传统鸡尾酒来说，我们只能改变它的调制方法，不能改变它的原料成分。

〔**实践园**〕

探究运用不同的调制方法调制出的鸡尾酒在视觉、嗅觉、味觉方面的不同之处，完成下列表格。

名　称	调制方法	视　觉	嗅　觉	味　觉

〔**课后练习**〕

单项选择

1. 调制鸡尾酒时，调酒杯中的混合原料与冰块的高度比通常是（　　　）。

　　A．1：0.5　　　　　B．1：1　　　　　　C．1：1.5　　　　　　D．1：2

2. 当鸡尾酒中含有固体物质时，必须采用（　　　）。

　　A．冲和法　　　　　B．搅和法　　　　　C．摇和法　　　　　D．混合法

3. 调制鸡尾酒的方法包括兑和法、（　　　）。

　　A．冲和法和调和法　　　　　　　　B．调和法、冲和法和离合法

　　C．中和法和调和法　　　　　　　　D．调和法、摇和法和搅和法

任务八　轻松调制鸡尾酒

【 学习目标 】

　　清楚调酒操作的基本要求；学习正确使用摇壶的方法及操作手势，严格按照配方，正确运用摇壶的方法和操作手法完成成品；能熟练地换算酒吧常用的计量单位。

【 前置任务 】

　　了解两款用 2 ~ 3 种原料制成的鸡尾酒。

【 相关知识 】

一、在家调制鸡尾酒的必备工具

　　调制鸡尾酒的必备工具包括摇酒器、吧叉匙、刻度调酒杯、小刀、过滤器、酒侍刀等。这些工具在餐具店都可以买到。

二、鸡尾酒中的无酒精饮料

　　苏打：有两种，一种是含天然碳酸气体的气泡式矿泉水，一种是以人工方式加入碳酸气体的水。苏打能够与任何酒类搭配，而添加了果汁香气或甜味的苏打称为西打（ Cider ）。

　　可乐：碳酸饮料。可乐含有咖啡因，与白色朗姆酒的味道特别契合。

　　姜汁汽水：用姜汁调味过的碳酸饮料，另外加入了肉桂、辣椒等香料，与白兰地的味道特别契合。

　　通宁水：无色透明、略带苦味的碳酸饮料，与金酒、龙胆香甜酒（ Suze ）的味道特别契合。

　　果汁饮料：柳橙汁、葡萄柚汁、西红柿汁等，与金酒、伏特加、香甜酒的味道特别契合。

三、独创自己的鸡尾酒

　　原料的搭配各种各样，只要能够发挥想象力及创造力，就能创作出自己独特的鸡尾酒。

决定鸡尾酒名称：先决定名称，才能确定鸡尾酒的整体形象。

决定颜色及味道：依照鸡尾酒的形象来决定颜色，并思考需用什么样的原料才能调出理想的颜色。最重要的还是味道。发挥自己的想象力，尝试将各种原料进行组合搭配。可以参考基本款鸡尾酒的调制法。需要考虑鸡尾酒的酒精浓度。

决定鸡尾酒的外观：鸡尾酒的外观非常重要。必须思考是否用水果做装饰，是否采用杯口糖霜法，以及使用什么样的杯子等。

〔想一想〕

如何鉴赏一杯鸡尾酒？

关键在于"平衡"二字。由于不同的酒有着不同的味道和酒精含量，不同的果汁也有着不同的味道和浓度，不同量的冰块加上不同的调制手法，如摇和法、调和法或利用机械帮助的搅和法，所调制出来的成品都有所不同。

〔实践园〕

写一份关于鸡尾酒的创作报告并完成下列表格。

名　称	原　料	工　具	装　饰	内　涵

〔课后练习〕

单项选择

1. 下列调酒方法中，（　　　　）适用于以水果、冰激凌等固体原料调味的饮品。

　　A. 搅和法　　　　　B. 摇和法　　　　　C. 兑和法　　　　　D. 调和法

2. 下列选项中，（　　　）不是调酒工具。

　　A. 摇壶　　　　　B. 高杯　　　　　C. 吧勺　　　　　D. 量酒器

3. 下列不属于鸡尾酒中的无酒精饮料的是（　　　　）。

　　A. 苏打　　　　　B. 可乐　　　　　C. 通宁水　　　　　D. 咖啡

任务九　一起享受鸡尾酒

〔学习目标〕

掌握"桑格利亚宾治"这款鸡尾酒的调制方法。

〔前置任务〕

寻找一款你喜爱的鸡尾酒饮品，了解其风格和制作过程。

〔相关知识〕

学习了调制鸡尾酒的基础知识后，接下来的课题就是要能够随机应变。不要认为没有某样原料就没办法做出某款鸡尾酒。当原料或工具欠缺的时候，可以利用现有的原料代替。

例如，"热奶油兰姆"这款鸡尾酒必须使用黑砂糖，如果没有黑砂糖的话，用粗白糖代替也可以，只需要多放一点肉松，用肉松取代黑砂糖的风味就行了。如果没有摇酒器，可以将原料冷却后放入速溶咖啡瓶之类的瓶口较宽的密闭容器中摇荡。

当然，随机应变的技巧不可能一开始就能学会。必须要尝试挑战各种基本款鸡尾酒，掌握每种原料的特点，才能逐渐体会到其中的窍门。

如果已经可以用身边容易取得的原料随心所欲地调制出美味鸡尾酒时，就可以找一些志同道合的朋友，开一个鸡尾酒派对，那场面一定会非常热闹！

"桑格利亚宾治"是一款非常值得推荐的派对鸡尾酒。调制时不必拘泥于调制法，大可使用现有原料。只需在容器上多花一些心思，做一些装饰，就会变得非常华丽。

● "桑格利亚宾治"（Sangria Punch）

原料：桑格利亚酒（Sangria，一种西班牙产的加味葡萄酒）1瓶、柳橙片适量、柠檬皮适量。

调制法：将原料倒入容器中，轻轻搅拌。可以依个人喜好加入香槟或白兰地。在容器中放一个大玻璃杯，杯中放入冰块，可以保持鸡尾酒的冰爽状态。

准备大小两个碗，碗外侧以锡箔纸包住，将两个碗的底部靠在一起，连接的地方以缎带打一个蝴蝶结，就变成了适合在派对上使用的豪华酒器。

〔想一想〕

你会和朋友享用什么样的鸡尾酒？

我会选择和朋友享用一杯经典的长饮型鸡尾酒。

【实践园】

与朋友分享你喜爱的鸡尾酒饮品，完成下列表格。

名　称	特　点	喜爱的原因

【课后练习】

单项选择

1. 调制“热奶油兰姆”这款鸡尾酒需要使用（　　）。
   A. 豆蔻粉　B. 黑砂糖　C. 盐　D. 黑胡椒
2. “罗伯罗依”这款鸡尾酒来自（　　）。
   A. 苏格兰　B. 荷兰　C. 德国　D. 美国
3. 在电影《漫长的告别》中出现的鸡尾酒是（　　）。
   A. “金色梦幻”　B. “美国佬”　C. “锥子”　D. “蓝色夏威夷”

任务十　我要成为调酒达人

【学习目标】

了解调酒的基本要求和倒酒步骤。

【前置任务】

准备一把水果刀、一个玻璃水杯、一些竹签和水果（柠檬、橙子、苹果等）。还可以再查找一些装饰简单的鸡尾酒图片。

【相关知识】

全世界任何一间酒吧都有其独创的鸡尾酒。在学习完基本款的鸡尾酒、了解自己的喜好后，可以将这些知识加以运用，尝试创作出自己独特的鸡尾酒。但如果想要从调制鸡尾酒的基础知识开始扎实学起，或是想要精通更多的鸡尾酒调制技巧，则可以进入更加专业的调酒师培训学校学习。这样不但能学到调制鸡尾酒的基本技法，而且可以有专业调酒师亲自指导。

一、调酒操作的基本要求

（1）保持服装整洁，不留指甲、长发，面带微笑。

（2）不在操作区域吸烟、喝饮料、吃东西等。

（3）保证冰块干净、新鲜、充足。

（4）经常擦拭杯子，保持杯子干净透亮。

（5）操作时，留意需要提前进行冰杯处理的鸡尾酒品类。

（6）操作时，双手只能接触杯柄或杯身中下部分，不可把手指伸进杯内或靠近杯口。

（7）为保证鸡尾酒的标准和口味统一，坚持使用量酒器，不可随意乱倒。

（8）遵循先放辅料再放基酒的原则，这样可将因操作失误而导致的损失降到最低。

（9）调制好的鸡尾酒应立即倒入杯中，不可斟满至酒杯边沿，溢出的酒品会弄脏吧台或餐桌。

（10）操作区域十分引人注目，操作完成后，须及时清理，尤其是酒瓶一定要放回原位。

二、调制鸡尾酒时的倒酒步骤

（1）取瓶：把酒瓶从操作台上取到手中的过程。取瓶一般有从左手传到右手或从下方传到上方两种情形。用左手拿瓶颈部传到右手上，用右手拿住瓶的中间部位，或直接用右手从瓶的颈部上提至瓶中间部位。动作要求快、稳。

（2）示瓶：即把酒瓶展示给客人。用左手托住瓶下底部，右手拿住瓶颈，呈60°把酒标朝向客人。取瓶到示瓶应是一个连贯的动作。

（3）开瓶：用右手拿住瓶身，左手中指逆时针方向向外开酒瓶盖，并用左手无名指和小手指夹起瓶盖存于掌心。开瓶是英式调酒过程中的重要环节。

（4）量酒：开瓶后立即用左手拇指、食指与中指夹起量杯，两臂略微抬起呈环抱状，把量杯放在靠近调酒工具的正前方，弯腰将酒倒入量杯，倒满后收瓶；同时，将酒倒进所用的调酒工具中，放下量杯，站直身体，用左手拇指按顺时针方向盖盖，酒盖复位。

〔想一想〕

调酒师在酒吧的主要工作是什么？

调酒师在酒吧的主要工作是酒水服务、酒吧卫生、酒水管理、做营销计划等。

〔实践园〕

独立调制一杯精美的鸡尾酒，完成下列表格。

名　称	基　酒	辅　料	调制方法	装　饰	点　评

〔课后练习〕

单项选择

1. 用（　　）手拿瓶颈部传到右手上，用（　　）手拿住瓶的中间部位，或直接用右手从瓶的颈部上提至瓶中间部位。

　　A. 左 / 右　　　　B. 右 / 左　　　　C. 左 / 左　　　　D. 右 / 右

2. 调和手法是：在调酒杯中加入数块冰块，加进酒水原料，（　　）手拇指与食指捏着调酒杯底部，（　　）手中指与无名指夹着吧勺，将勺背贴着杯壁按顺时针方向搅动数次，切忌随意乱搅。

  A. 左 / 右　　　　B. 右 / 左　　　　C. 左 / 左　　　　D. 右 / 右

3. 不要在操作区域喝饮料、吃东西和（　　）。

  A. 吸烟　　　　B. 擦拭杯具　　　　C. 调制鸡尾酒　　　　D. 接听电话

项目四

风情万种的鸡尾酒

任务一　浪漫的香槟鸡尾酒

【学习目标】

了解香槟，以及它与鸡尾酒的渊源。

【前置任务】

查阅香槟的历史文化。

【相关知识】

想与憧憬对象共度一段美好的浪漫时光，这个时候喝一杯以香槟为基酒的鸡尾酒最适合不过了。

香槟是人们为了庆祝而饮用的一种豪华的酒类。含碳酸气体的葡萄酒称为气泡葡萄酒，只有法国香槟地区所产的气泡葡萄酒才能称为香槟。

以香槟作基酒的鸡尾酒中，最具代表性的就是"香槟鸡尾酒"（Champagne Cocktail）。先将方糖浸入安格拉苦精（Angostura Bitters）这种苦味极强的酒中，然后再投入香槟里，这样就成了一杯美丽的金色鸡尾酒。除此之外，草莓酸甜口味的"香槟草莓"（Champagne Strawberry）也很值得一试。

由于香槟一旦开瓶之后便无法保存，因此以香槟作基酒的鸡尾酒价格也偏高。

【想一想】

1. 为什么香槟鸡尾酒会给人浪漫的印象？

只有法国香槟地区所产的气泡葡萄酒才能称为香槟，而且颜色又是美丽的金黄色，因此十分珍贵。但最大的原因在于一部描写第二次世界大战时期男女悲伤恋情的电影《北非谍影》，剧中亨佛莱·鲍嘉就是拿着这种鸡尾酒，看着英格丽·褒曼的眼睛，轻声说道："为你的眼眸干杯！"从此让这款鸡尾酒风靡全世界。

2. 香槟在鸡尾酒中起什么作用？

香槟可以改变鸡尾酒的风味，增加口感。

〔实践园〕

探究两款香槟鸡尾酒的浪漫之处，完成下列表格。

香槟鸡尾酒	浪漫之处

〔课后练习〕

单项选择

1. 法国（   ）地区所产的气泡葡萄酒才能称为香槟。

　　A. 干邑　　　　　　　　　　B. 波多尔

　　C. 香槟　　　　　　　　　　D. 勃艮第

2. 香槟中（   ）为 12～20 克 / 升的属于 Extra Dry。

　　A. 微量元素　　　　　　　　B. 葡萄汁浓度

　　C. 酒精含量　　　　　　　　D. 含糖量

3. 标有"Blanc de Blancs"的香槟酒是用（   ）葡萄酿造的。

　　A. Merlot　　　　　　　　　B. Chardonnay

　　C. Syrah　　　　　　　　　 D. Cabernet Sauvignon

任务二　热力四射的鸡尾酒

【学习目标】

了解具有热带风情的鸡尾酒。

【前置任务】

查找具有热带风情的鸡尾酒。

【相关知识】

使用了大量凤梨等热带水果的鸡尾酒称为热带水果鸡尾酒。其造型漂亮，有水果香味，最适合用来感受南洋风情。

热带水果鸡尾酒的调制法、使用的酒杯及装饰完全由调制者自由发挥，其特征是使用了大量的水果，许多人喜欢使用椰奶。这类鸡尾酒有一个共同的特征就是名称相当具有南洋风味。

最具代表性的就属诞生于加勒比海的Pina Colada，这是西班牙语，意思是"凤梨田"。"凤梨田"以朗姆酒作基酒，如果将基酒改成伏特加，就成了"奇奇"（CHI-CHI）。这两款都是充满奶香、口感温和的鸡尾酒。

【想一想】

1. 传统鸡尾酒中，你想到哪款具有热带风情的感觉？

"椰林飘香"。

2. 哪些热带水果可以调制鸡尾酒？

杧果、奇异果等。

【实践园】

探究以下热带鸡尾酒的热情之处，完成下列表格。

名　称	基　酒	搭配的热带水果	口　感	热情之处
"椰林飘香"				
"蓝色夏威夷"				

〔课后练习〕

单项选择

1. 热带水果鸡尾酒的调制法、使用的酒杯及（　　　）完全由调制者自由发挥。

　　A. 装饰　　　　　　B. 基酒　　　　　　C. 辅料　　　　　　D. 搅和法

2. "奇奇"是一款充满（　　　）香、口感温和的鸡尾酒。

　　A. 凤梨　　　　　　B. 杧果　　　　　　C. 奶　　　　　　　D. 奇异果

3. 下列说法错误的是（　　　）。

　　A. 要将用于榨取果汁的水果清洗干净

　　B. 不使用局部霉变的水果榨取果汁

　　C. 果汁饮料应在冷藏柜中低温冷藏

　　D. 可预先将局部霉变的水果榨出果汁备用

任务三　个性洋溢的鸡尾酒

【学习目标】
了解一些具有纪念意义的鸡尾酒。

【前置任务】
查阅诞生石的意义。

【相关知识】
所谓的诞生石，就是能令相同月份出生的人获得幸福的宝石。想要一杯与你的诞生石颜色相同的鸡尾酒吗？

为了表现令人难忘的个性风格，最好的方式就是选择一杯与诞生石颜色相同的鸡尾酒。比如，诞生石是蓝宝石，就可以调制一杯"跳伞"（Sky Diving）之类的蓝色鸡尾酒。

此外，也可以请调酒师特别调制一杯与衣服颜色相同的鸡尾酒，或是将鸡尾酒以名字命名。

个性害羞的人，可以选择在香槟内加入了黑醋栗香甜酒的"皇家基尔"（Kir Royal）。"皇家基尔"鲜艳的红色令人印象深刻，而且香槟也适合作为庆祝之用。

如果是举办庆祝会，则可以调制"宾治"，这是一款适合在宴会上饮用的鸡尾酒，普通人也可以轻松调制。

【想一想】
说到纪念，"红粉佳人"也是一款极具纪念意义的鸡尾酒。那么"红粉佳人"是因什么而闻名的呢？

百老汇有一出短剧，剧中有一位年轻害羞的巾帼英雄，她饮酒后大跳芳舞，在她所饮的酒中有一款名叫"红粉佳人"的鸡尾酒，"红粉佳人"自此闻名。

【实践园】
探究诞生石与鸡尾酒的关系，完成下列表格。

月　份	诞生石颜色	鸡尾酒
1月		
2月		
3月		
4月		
5月		
6月		
7月		
8月		
9月		
10月		
11月		
12月		

〔课后练习〕

单项选择

1. 用"皇家基尔"这款鸡尾酒来庆祝纪念日，鲜艳的红色令人印象深刻，而且
（　　）也适合作为庆祝之用。

　　A. 葡萄酒　　　　　B. 香槟　　　　　　C. 啤酒　　　　　　D. 鸡尾酒

2. 个性害羞的人，可以选择在香槟内加入（　　　）。

　　A. 哈密瓜香甜酒　　　　　　　　B. 苹果香甜酒

　　C. 咖啡香甜酒　　　　　　　　　D. 黑醋栗香甜酒

3. "巴黎人""绿色费士"配合诞生石的（　　　），是值得纪念的两款鸡尾酒。

　　A. 味道　　　　　B. 颜色　　　　　　C. 基酒　　　　　　D. 名字

任务四　年轻活力的鸡尾酒

了解长饮型鸡尾酒和短饮型鸡尾酒。

〖 前置任务 〗
查阅有关长饮型鸡尾酒的知识。

〖 相关知识 〗
判断鸡尾酒的酒精浓度有一个方法，一般来说装在较大的杯子里，而且掺了果汁或苏打等无酒精饮料的鸡尾酒（长饮型鸡尾酒），酒精浓度都比较低。

这类酒的基酒建议使用香甜酒。金酒、伏特加、威士忌等蒸馏酒的平均酒精浓度是 40 度，香甜酒的平均酒精浓度是 25 度，算是酒精浓度较低的。当然，啤酒（约 4 度）或葡萄酒（约 14 度）的酒精浓度更低，但是用啤酒或葡萄酒作基酒的鸡尾酒不多。

建议酒量不佳的人可以尝试以香甜酒作基酒的"可可费士"（Cacao Fizz）和"泡泡"（Spumoni）。"费士"指的就是以柠檬汁、砂糖及苏打调制成的长饮型鸡尾酒，再加入水果制成的香甜酒，喝起来与果汁一样。由于调制方法简单，可以试着在家里自行调制。

〖 想一想 〗
酒量不佳，但又想多尝试几种鸡尾酒，该怎么办？

点酒的时候，可以请调酒师将酒精浓度调低一点。调酒师对这种需求也相当了解，因此这么做并不会失礼。特别是长饮型鸡尾酒，它可以自由调节酒精浓度，因此适合酒量不佳的人享用。例如"杏桃酷乐"（Apricot Cooler）这款鸡尾酒，请调酒师减少香甜酒的含量就可以了。

相反，如果是装在鸡尾酒杯的鸡尾酒（短饮型鸡尾酒），减少酒的分量将导致鸡尾酒的美味打折，所以有时就算请调酒师调低酒精浓度，也会被调酒师拒绝。

〖 实践园 〗
对比长饮型鸡尾酒和短饮型鸡尾酒的异同，完成下列表格。

类　型	相　同	不　同
长饮型鸡尾酒		
短饮型鸡尾酒		

〔课后练习〕

单项选择

1. 下列选项中，（　　　）这款鸡尾酒的酒精浓度最低。

    A."干马天尼"　　　　　　　　　B."可可费士"

    C."玛格丽特"　　　　　　　　　D."曼哈顿"

2. 金酒、伏特加、威士忌等蒸馏酒的平均酒精浓度是（　　　）度。

    A. 25　　　　　　B. 40　　　　　　C. 50　　　　　　D. 75.5

3. "费士"指的就是以（　　　）及苏打调制成的长饮型鸡尾酒，再加入水果制成的香甜酒。

    A.柠檬汁、砂糖　　　　　　　B.杧果汁、盐

    C.凤梨汁、迷迭香　　　　　　D.荔枝汁、辣椒酱

任务五 成熟稳重的鸡尾酒

〖学习目标〗
认识餐前鸡尾酒，掌握"马天尼"与"曼哈顿"的调制方法。

〖前置任务〗
查找餐前鸡尾酒的知识。

〖相关知识〗
"Aperitif"这个单词是"餐前酒"的意思。餐前酒具有滋润喉咙、增进食欲的功效。很多日本人认为鸡尾酒是餐后喝的酒，其实不然，很多人喜欢先在酒吧喝一杯鸡尾酒再去餐厅用餐。

为了不破坏料理的美味，餐前鸡尾酒大多不甜，口感清爽。如果是酒量好的人，可以喝酒精浓度高一点的鸡尾酒，会更增进食欲。

餐前鸡尾酒——"马天尼"与"曼哈顿"。

"马天尼"被称为鸡尾酒之王，在全世界都是非常受欢迎的一款鸡尾酒。有很多鸡尾酒爱好者对"马天尼"的调制方法有特别的喜好，所以"马天尼"的调制法就有250种以上。一般而言，偏不甜的调制法较受欢迎。

相比较于"马天尼"，"曼哈顿"也毫不逊色，有着"鸡尾酒女王"的称号。这是一款有成熟香气、味道微甜的鸡尾酒。当然也可调制出不甜的口味，依个人喜好做选择。

像"吉普森"或"马天尼"这样以金酒与苦艾酒作基酒调制而成的鸡尾酒相当多。如以 1/2 辛辣金酒配上 1/2 不甜苦艾酒，就是"法国金酒"（Gin & French）。以 1/2 辛辣金酒配上 1/2 甜苦艾酒，就是"意大利金酒"（Gin & It）。这些都是适合餐前饮用的鸡尾酒。

〖想一想〗
为什么"马天尼"的口感可以不甜呢？
"马天尼"中的苦艾酒含量越少，口感就越不甜。喜爱"辛辣马天尼"的人中，最有名的就是前英国首相丘吉尔。有一种说法是他是一边看着苦艾酒的瓶子，一边喝着辣金酒。另一种说法是他用苦艾酒漱口后，对着杯子里的辣金酒轻轻说"苦艾酒"，然后就把辣金酒当成"马天尼"喝下。

著名演员克拉克·盖博也是"辛辣马天尼"的爱好者。据说他是将苦艾酒的酒瓶倒过来摇晃，让酒掺入酒瓶栓子后，用酒瓶栓子轻轻划过酒杯，然后倒入整杯的辣金酒饮用。

【实践园】

探究一款餐前鸡尾酒对用餐的影响，完成下列表格。

餐前鸡尾酒	对用餐的影响

【课后练习】

单项选择

1. 餐前鸡尾酒通常（   ）。

　　A. 含糖分较少，口味或酸或干烈　　　B. 口味极其甜

　　C. 不含酒精　　　　　　　　　　　　D. 以果汁为主

2. 餐前鸡尾酒大多（   ），口感清爽。

　　A. 不甜　　　　　　B. 甜　　　　　　C. 苦　　　　　　D. 酸

3. "Aperitif"这个单词是（   ）的意思。

　　A. 餐后酒　　　　　B. 餐前酒　　　　C. 开胃酒　　　　D. 甜酒

任务六　献给爱人的鸡尾酒

了解"碰壁哈维"这款鸡尾酒的故事。

【前置任务】
了解各种鸡尾酒的意义。

【相关知识】
　　如果想点一杯鸡尾酒给心爱的人，可以选择"碰壁哈维"（Harvey Wallbanger）。这是一款在"螺丝起子"的鸡尾酒中加了加利安诺茴香香甜酒的鸡尾酒。加利安诺茴香香甜酒是一种加了香子兰等香草及草药精华的香甜酒，虽然酒精浓度高，却比"螺丝起子"更好入喉。

　　不过，如果只是单纯地想要表达爱意，则建议使用"红粉佳人"或是"雪白佳人"之类的可爱鸡尾酒来吸引对方的注意……

　　"碰壁哈维"这款鸡尾酒据说是加州冲浪冠军哈维在某次重要比赛获胜时喝的酒。因为他喝醉之后脑袋撞上了墙壁，所以这款鸡尾酒便被称为"碰壁哈维"。还有另外一个说法是，哈维是加利安诺茴香香甜酒的销售员，他喝了自己调制的这款鸡尾酒后一边撞墙一边推销自己的酒。

【想一想】
女士适合喝什么样的鸡尾酒？
女士适合喝"红粉佳人""雪球"等酒精浓度低的鸡尾酒。

【实践园】
说说"碰壁哈维""红粉佳人"或"雪白佳人"这几款鸡尾酒的内涵，完成下列表格。

名　称	内涵（历史故事、起源等）

[课后练习]

单项选择

1.下列鸡尾酒中,（　　）比较适合女性饮用。

    A.“曼哈顿”　　　　B.“干马天尼”　　　　C.“雪白佳人”　　　　D.“狗鼻子”

2.茴香酒是以纯食用酒精或（　　）作基酒制成的。

    A. 蒸馏酒　　　　　B. 葡萄酒　　　　　C. 发酵酒　　　　　D. 白酒

3.茴香酒的酒精浓度约（　　）度。

    A. 25　　　　　　　B. 30　　　　　　　C. 35　　　　　　　D. 40

任务七　营养充沛的鸡尾酒

【学习目标】

认识睡前鸡尾酒，掌握"热白兰地蛋奶酒"的调制方法。

【前置任务】

了解什么是热饮型鸡尾酒。

【相关知识】

虽然鸡尾酒大部分都是冷饮型，但记住鸡尾酒也有热饮型这件事绝对不吃亏。在寒冷的冬天里，热饮型鸡尾酒能让整个身体暖和起来。随着水蒸气飘散出来的甘甜香味有让身心获得放松的效果，最适合作为睡前酒。由于酒精浓度都不高，因此酒量不佳的人也很适合饮用。

热饮型鸡尾酒中，具有代表性的是"热白兰地蛋奶酒"（Hot Brandy Eggnog）。

"热白兰地蛋奶酒"是美国人欢度圣诞和新年时饮用的鸡尾酒，可以想象成加了洋酒的奶昔或是西洋风味的蛋酒。这款鸡尾酒的营养价值很高，对感冒或身体虚弱者也很有帮助。人饮下以后，不止身体，连心灵也会暖洋洋的。如果附上肉桂棒，则可以将它作为搅拌棒来调节香味浓度。

【想一想】

1. 什么酒适合作睡前酒？

睡前酒在日文中写作"寝酒"，在英文中则有个别致的名称叫作"Night Cap"，意思就是在睡前饮用，可以帮助睡眠的酒。

所有的酒都有温暖身体、促进睡眠的效果，所以基本上只要选择自己喜欢的酒就可以了。一般来说，以白兰地作基酒或是加了蛋的鸡尾酒的味道都比较浓郁，更适合当作睡前酒。此外，由于热牛奶有催眠效果，因此加了牛奶的鸡尾酒也是不错的选择。

2. 酒精浓度高的鸡尾酒能否让身体暖和？

可以。因为饮用酒精浓度高的酒，会加速身体的血液循环，让人感觉暖和。

【实践园】

探究睡前鸡尾酒的营养价值和功效，完成下列表格。

鸡尾酒	营养价值	功　效
"金费士"		
"螺丝起子"		

【课后练习】

单项选择

1. 鸡尾酒也分冷饮和（　　　）两种类型。

　　A. 霜冻　　　　　　B. 热饮　　　　　　　C. 常温　　　　　　　D. 暖

2. "热白兰地蛋奶酒"的营养价值很高，对（　　　）或身体虚弱者很有帮助。

　　A. 发烧　　　　　　B. 感冒　　　　　　　C. 头痛　　　　　　　D. 胃疼

3. 下列鸡尾酒中，（　　　）属于热饮型鸡尾酒。

　　A. "咸狗"　　　　　B. "长岛冰茶"　　　C. "爱尔兰咖啡"　　　D. "莫吉托"

任务八　甜点一般的鸡尾酒

【学习目标】

认识餐后鸡尾酒："亚历山大"（Alexander）、"侧车"（Side-Car）、"讽刺者"（Stinger）。

【前置任务】

了解餐后鸡尾酒的特点。

【相关知识】

1. 像甜点一般的鸡尾酒

适合餐后饮用的鸡尾酒都有消除口中异味和促进消化的作用，这一类鸡尾酒被称为餐后鸡尾酒。它们大部分使用香甜酒或白兰地作基酒，具有浓郁的甜味与香气，喝起来的感觉像餐后甜点。

"亚历山大"使用了可可香甜酒和鲜奶油作基酒与辅料。甜香配上奶油厚实的口感，让人喝起来感觉像吃蛋糕一样。

"侧车"是一款具有成熟滋味的鸡尾酒，使用君度橙酒作基酒，是一种以柑橘果皮制作出来的香甜酒。据说在巴黎，驾驶装有侧车（装在机车侧边的座位）的机车驾驶兵都爱极了这款有着白兰地香味的鸡尾酒。

要想获得清新口气，则推荐把白薄荷香甜酒作基酒的"讽刺者"。这款鸡尾酒的英文名称"Stinger"的意思是动物身上的刺针，它喝起来正如其名，非常锐利而有劲。

2. 其他值得一试的鸡尾酒

"金色凯迪拉克"——把香草与可可的香气融入鲜奶油中。

"绿色蚱蜢"——鲜奶油让加了薄荷与可可的香甜酒变得更香浓，颜色为淡绿色。

【想一想】

说一说"亚历山大"这款鸡尾酒的故事。

据说"亚历山大"这款鸡尾酒是为了纪念英国爱德华七世与丹麦公主亚历山德拉

的婚礼而创作出来的。一开始的名称是"亚历山德拉",后来逐渐变成"亚历山大",一直沿用到今天。

值得一提的是,在杰克·莱蒙(Jack Lemmon)主演的电影《相见时难别亦难》中,丈夫给不会喝酒的妻子推荐的就是这款鸡尾酒,结果造成妻子酒精中毒。可见这款鸡尾酒虽然顺口好喝,酒精浓度却不低,千万别喝太多。

〔实践园〕

调查有哪些餐后鸡尾酒,并介绍其中的一款。

〔课后练习〕

单项选择

1. 下列鸡尾酒中,(　　　)不属于餐后鸡尾酒。

A."亚历山大"　　　B."讽刺者"　　　C."侧车"　　　D."干马天尼"

2. "侧车"这款鸡尾酒使用了(　　　)作基酒。

A. 君度　　　B. 伏特加　　　C. 白兰地　　　D. 毡酒

3. 餐后鸡尾酒通常(　　　)。

A. 清凉爽口,不含糖分　　　　B. 色彩浑浊,口味较辛辣

C. 口味较甜　　　　　　　　　D. 口味或酸或干烈

任务九　精神奕奕的鸡尾酒

〔 学习目标 〕

了解不含酒精的鸡尾酒。

〔 前置任务 〕

查找无酒精的鸡尾酒。

〔 相关知识 〕

酒有提振心情、增进人际关系的作用。但是对于完全不会喝酒的人来说，同伴喝酒之后的亢奋情绪常令他们难以招架。不管是职场上或是朋友间的酒局，想必都令他们如坐针毡。

如果他们来到酒吧，建议点一杯不含酒精的鸡尾酒。不含酒精的鸡尾酒对于完全不能喝酒的人来说是相当好的饮料。

最具有代表性的无酒精鸡尾酒有"雪莉邓波儿"（Shirley Temple）和"佛罗里达"（Florida）。这两款酒看起来跟一般鸡尾酒没有什么区别，因此不会破坏气氛，甚至连喝的人也会有一种在喝酒的感觉。

此外，也可以请调酒师将无酒精饮料调制成基本款鸡尾酒的样子。例如，在姜汁汽水中加入莱姆汁，看起来就像一杯"莫斯科骡子"（Moscow Mule）。或是在鸡尾酒杯口蘸些盐，倒入葡萄柚汁，看起来就像一杯"玛格丽特"。这一招在宴会上很好用，建议了解。

〔 想一想 〕

推荐不会喝酒的人饮用什么鸡尾酒？
推荐不会喝酒的人饮用不含酒精或低酒精的鸡尾酒。

〔 实践园 〕

调制一杯无酒精的鸡尾酒，完成下列表格。

名　称	调制工具	原　料	味觉效果

[课后练习]

单项选择

1. 在姜汁汽水中加入莱姆汁，看起来就像一杯（　　）。

　　A."莫斯科骡子"　　　　　　　　B."雪莉邓波儿"

　　C."佛罗里达"　　　　　　　　　D."讽刺者"

2. 你会介绍（　　）这款鸡尾酒给一个完全不会喝酒的朋友。

　　A."雪莉邓波儿"　　　　　　　　B."亚历山大"

　　C."干马天尼"　　　　　　　　　D."侧车"

3. "Shirley Temple"这款鸡尾酒的中文名称是（　　）。

　　A."雪莉邓波儿"　　　　　　　　B."莫斯科骡子"

　　C."讽刺者"　　　　　　　　　　D."佛罗里达"

任务十　冰爽一夏的鸡尾酒

【学习目标】

认识霜冻型的鸡尾酒。

【前置任务】

查找冰沙状的鸡尾酒。

【相关知识】

在炎热酷暑的夏日，最好能来一杯清凉消暑的霜冻型鸡尾酒。所谓霜冻型鸡尾酒，指的就是将原料连同细粒碎冰一起放进电动搅拌器内打成冰沙状的鸡尾酒。

诞生于盛夏国度新加坡的"新加坡司令"（Singapore Sling）是一款非常适合在夏季饮用的鸡尾酒，这款鸡尾酒是由新加坡知名的拉弗斯饭店，以新加坡的夕阳为概念创作出来的。英国作家威廉·萨默塞特·毛姆（William Somerset Maugham）非常喜爱这间饭店，称赞它为"东洋的神秘"。想必毛姆也曾经拿着一杯"新加坡司令"，坐在饭店的窗边眺望美丽的夏日夕阳吧。

【想一想】

大文豪海明威喜欢喝鸡尾酒吗？

海明威是一位著名的酒豪，关于他在酒方面的奇闻逸事可不少。传说他曾经一口气喝掉10杯不加砂糖的"霜冻黛克瑞"，又传说他在巴黎丽兹酒店一个人喝掉了50杯马天尼。他的小说中也经常提到鸡尾酒。如《岛之恋》中提到"霜冻黛克瑞"，《渡河入林》中提到将金酒与苦艾酒以15∶1的比例调制成"超辛辣马天尼"。他豪迈的生活方式以及简洁有力的写作风格，的确很符合"辛辣马天尼"的格调。

〔实践园〕

调制一杯冰沙型的鸡尾酒，完成下列表格。

鸡尾酒名称	基　酒	辅　料	装　饰	成品特点

〔课后练习〕

单项选择

1.以下属于霜冻型调制法所调制的鸡尾酒是（　　　）。

　　A.“霜冻黛克瑞”　　　　　　　　B.“干马天尼”

　　C.“红粉佳人”　　　　　　　　　D.“莫吉托”

2.霜冻型鸡尾酒指的是将原料连同（　　　）一起放进电动搅拌器内打成冰沙状的鸡尾酒。

　　A.细粒碎冰　　　　B.小冰块　　　　C.大冰块　　　　D.冰沙

3.在炎热酷暑的夏日，最适合饮用（　　　）鸡尾酒。

　　A.热饮型　　　　　B.冰沙型　　　　C.长饮型　　　　D.短饮型

任务十一　欢快热闹的鸡尾酒

认识"天堂乐园""薄荷茱莉普"这两款经典鸡尾酒。

【 前置任务 】
查找一些长饮型鸡尾酒。

【 相关知识 】

如果想跟朋友们开心地品尝美酒，建议选一杯形象明亮开朗的鸡尾酒，让自己更加兴奋，舌头更加灵活。可以选择名称有趣的鸡尾酒，或是造型、口感能让心情更愉悦的鸡尾酒。

不过，不适合选择酒精浓度太高的鸡尾酒，因为那不但不能让舌头灵活，反而会让舌头迟钝。想要在微醺的气氛下聊天，选择适当的酒精浓度是一个关键。

在此推荐"天堂乐园"这款鸡尾酒，不但名称听起来开朗明亮，而且一入口，杏桃与柳橙酸酸甜甜的水果香味在口中扩散开来，心情自然也会变得很愉悦。

"薄荷茱莉普"（Mint Julep）也不错，虽然酒精浓度有点高，但是有着薄荷的清新芳香。由于是可以长时间饮用的长饮型鸡尾酒，因此最适合在谈天说地的时候喝上一杯。如果要挑酒精浓度低一点的，则建议点"美国佬"（Americano）或是"加里波底"（Caribaldi），这两款鸡尾酒都使用了意大利的金巴利苦酒。

【 想一想 】

1. 有没有能让活动更加热闹的鸡尾酒？

"薄荷茱莉普"和"往日情怀"是美国肯塔基赛马大会上不可或缺的两款鸡尾酒。它们都使用美国威士忌作基酒，从 19 世纪到现在，一直受到赛马迷们的喜爱，据说在大赛期间，每个人都会喝这两款鸡尾酒。

将白葡萄酒以苏打稀释的特饮也是庆祝活动必备的一款鸡尾酒。这款鸡尾酒诞生于奥地利的萨尔茨堡，据说在每年夏天举办的莫扎特音乐节期间，大家都会饮用。

2. 一般长饮型鸡尾酒的饮用时间是多久？最佳饮用时间有多长？

长饮型鸡尾酒的一般饮用时间为 60 分钟，最佳饮用时间在 30 分钟以内。

〔实践园〕

分小组讨论长饮型鸡尾酒的特点及适宜饮用的场景，完成下列表格。

长饮型鸡尾酒	特　点	饮用场景

〔课后练习〕

单项选择

1. 想跟朋友们开心地品尝美酒，建议选（　　　）这款鸡尾酒。

    A. "公牛"　　　　B. "天堂乐园"　　　C. "地震"　　　　D. "玫瑰"

2. "美国佬""加里波底"这两款鸡尾酒都使用了（　　　）配制。

    A. 森伯加　　　　B. 金巴利苦酒　　C. 干马天尼　　　D. 椰子朗姆酒

3. "天堂乐园"这款鸡尾酒主要使用（　　　）配制。

    A. 杏桃酒　　　　B. 咖啡酒　　　　C. 薄荷酒　　　　D. 蜜桃酒

任务十二　帅气逼人的鸡尾酒

〖 学习目标 〗

认识"马天尼""B & B""含羞草"等经典鸡尾酒。

〖 前置任务 〗

查找相关知识，认识一种让你觉得帅气的鸡尾酒。

〖 相关知识 〗

1. 帅气的鸡尾酒

如果将鸡尾酒之王"马天尼"的基酒换成伏特加的"伏特加马天尼"（Vodka Martini），或是将苦艾酒换成苏格兰（麦芽）威士忌的"烟熏马天尼"（Smokey Martini），那么整个人都会帅气起来。

不过，"马天尼"在一般人的印象中是男性喝的酒，所以女性可以选择一些颜色鲜艳高雅的鸡尾酒，如"含羞草"（Mimosa）。这是一款受到法国上流社会喜爱的鸡尾酒，这款鸡尾酒像是一朵盛开在法国南部避暑胜地尼斯的亮橘色的含羞草，很适合用来衬托女性娇柔的气质。

2. 其他值得一试的鸡尾酒

"烟熏马天尼"——以金酒及苏格兰麦芽威士忌调制成的"马天尼"。麦芽的烟熏香味为其特征。酒精浓度高。

"B & B"——白兰地配上以药草制成的名为"班尼狄克顿香草酒"（Benedictine）的香甜酒。口感适中偏甜，酒精浓度高。

〖 想一想 〗

詹姆斯·邦德的"特制马天尼"是什么？

"马天尼"是以辣金酒作基酒，而且用吧叉匙以搅拌法搅拌而成的。但是电影《007》的主角詹姆斯·邦德却在基酒中加入了伏特加，而且不使用搅拌法，改用摇荡法，将原料放入摇酒器内摇荡，这样调制出来的就是他个人偏爱的"特制马天尼"。

〖 实践园 〗

说一说你认为帅气的鸡尾酒的魅力所在，完成下列表格。

鸡尾酒	魅力所在（从基酒、辅料、调制方法分析）

[课后练习]

单项选择

1. 下列选项中，（　　　）被称为"鸡尾酒之王"。

　　A."马天尼"　　　　B."雪球"　　　　　C."环游世界"　　　　D."红粉佳人"

2."烟熏马天尼"使用（　　　）作基酒。

　　A. 伏特加　　　　　B. 朗姆酒　　　　　C. 苏格兰威士忌　　　D. 琴酒

3. 调制"马天尼"的原料有（　　　）。

　　A. 金酒和苦艾酒　　　　　　　　　B. 威士忌和金酒

　　C. 朗姆酒和伏特加　　　　　　　　D. 啤酒和二锅头

任务十三　清新怡人的鸡尾酒

【学习目标】

认识替代餐点的鸡尾酒。

【前置任务】

查阅"公牛"和"血腥玛丽"的诞生故事。

【相关知识】

有些较特殊的鸡尾酒，喝起来的感觉就好像在喝汤或是吃沙拉。

其中最独特的就属"公牛"（Bull Shot）这款鸡尾酒了。它以伏特加混合牛肉高汤而成，因此才有了"公牛"这样的名称。汤跟伏特加相结合，实在是个异想天开的做法。在芬兰等有禁酒日的国家，有些餐厅会在禁酒日那天以"公牛"来代替汤品。

还有一款鸡尾酒比公牛更像汤，那就是"老鹰"（Hawk Shot）。这款鸡尾酒以清汤代替"公牛"中的牛肉高汤，在美国是颇负盛名的鸡尾酒。

想要喝像沙拉一样的鸡尾酒，建议尝试"血腥玛丽"。虽然这个名字听起来颇为可怕，不适合在用餐中提到，但其实这是一款使用了大量西红柿汁，非常健康的鸡尾酒。依个人喜好，还可以添加芹菜或小黄瓜。在假日的早晨，愿不愿意来一杯沙拉一样的鸡尾酒当早餐呢？

【想一想】

1. 为什么鸡尾酒中要加入西红柿汁？

1920—1933 年，美国立法禁止制造和饮用酒类饮料。在那个禁酒时期，人们将金酒混入西红柿汁中饮用，声称不是酒而是西红柿汁，借以逃避警察的抓捕。据说这就是此类鸡尾酒的起源。

这种金酒加西红柿汁的鸡尾酒被称为"血腥山姆"，相当受欢迎。但从 20 世纪 40 年代开始，人们改以伏特加代替金酒。由于伏特加喝起来比较顺口，因此就取了玛丽这个女性化的名字，受欢迎的程度也超过了"血腥山姆"。

2．"血腥玛丽"这款鸡尾酒可以加入哪些调味料？

"血腥玛丽"可以加入盐、胡椒、墨西哥辣椒酱等调味料。

〔**实践园**〕

调制一杯"血腥玛丽"，品尝它奇特的味道，完成下列表格。

名　　称	调制过程	味觉效果
"血腥玛丽"		

〔**课后练习**〕

单项选择

1．"血腥玛丽"这款鸡尾酒应使用（　　　）做装饰。

　　A．芹菜　　　　　　　　　　B．西红柿

　　C．柠檬角　　　　　　　　　D．薄荷叶

2．"血腥玛丽"这款鸡尾酒的名字起源于（　　　）。

　　A．英国　　　　　　　　　　B．法国

　　C．德国　　　　　　　　　　D．苏格兰

3．想要喝像沙拉一样的鸡尾酒，建议尝试（　　　）这款鸡尾酒。

　　A．"霜冻黛克瑞"　　　　　　B．"公牛"

　　C．"干马天尼"　　　　　　　D．"血腥玛丽"

任务十四 浓情悲伤的鸡尾酒

【学习目标】

认识酒精浓度高的鸡尾酒。

【前置任务】

搜索关于能点火的鸡尾酒的资料。

【相关知识】

正所谓"人有悲欢离合，月有阴晴圆缺"，虽然喝酒时应该尽量优雅，但人们有时为了逃避难过或痛苦的事情，也会想要大醉一场。

这时候如果一口一口啜着啤酒之类的低酒精浓度的酒，悲伤感反而会逐渐涌上心头。最好的做法是选择纯的烈酒，一口气灌下去。因此，在这里介绍几款跟纯饮烈酒没什么差别，酒精浓度非常高的鸡尾酒。

其中一款是"尼可拉斯加"（Nikolaschka），这是一款模样、味道及喝法都非常独特的鸡尾酒。将堆着砂糖的柠檬片放入口中嚼一嚼，在酸甜滋味于口中扩散的时候一口喝下白兰地。在这瞬间，才算真正品尝了这款鸡尾酒，可以说这是一款内行人喝的鸡尾酒。

"地震"（Earthquake）这款鸡尾酒混合了三种酒精浓度很高的烈酒，就如同它的名字一样，只要喝上一两杯，就会感觉到地面开始摇动。

还有一款"粉红金酒"（Pink Gin）。名字虽然可爱，但却是酒精浓度很高的一款鸡尾酒。含量几乎都是金酒，因此最适合想要喝醉的人。

【想一想】

有没有喝法奇特、酒精浓度高的鸡尾酒？

有一款很奇特的鸡尾酒，叫作"焊接工人"，英文名称是"Boilermaker"。其中的"Boiler"指的是燃烧燃料之后会放出蒸汽的锅炉，用来形容喝了这款鸡尾酒后身体就会热得像火烧一样。

点了这杯鸡尾酒之后，调酒师会先端出一杯威士忌和一杯啤酒。喝之前要将装了威士忌的杯子放进啤酒杯中。另一种喝法则是直接喝掉威士忌，然后把啤酒喝掉。这是一款酒精浓度相当高的鸡尾酒。

〔实践园〕

调制一杯"焊接工人"，完成下列表格。

鸡尾酒	原　料	调制方法	装　饰	味觉效果
"焊接工人"				

〔课后练习〕

单项选择

1. 以下选项中，（　　　）这款鸡尾酒的酒精浓度最低。

　　A. "尼可拉斯加"　　　　　　　　B. "地震"

　　C. "亚历山大"　　　　　　　　　D. "粉红金酒"

2. "粉红金酒"这款鸡尾酒的基酒是（　　　）。

　　A. 伏特加　　　　　　　　　　　B. 白兰地

　　C. 金酒　　　　　　　　　　　　D. 威士忌

3. 以下哪种酒的酒精度最高？（　　　）

　　A. 朗姆酒　　　　　　　　　　　B. 伏特加

　　C. 特基拉　　　　　　　　　　　D. 百加得 151 朗姆酒

项目五

酒吧服务流程

任务一　软饮服务流程

【学习目标】
掌握软饮料知识，重点掌握不同类别软饮料的服务方式。

【前置任务】
调查什么是软饮料，软饮料的分类。

【相关知识】

酒吧中通常将非酒精饮料称为软饮料，即不含酒精成分的饮料。服务业中一般把软饮料分为饮用水、果汁和汽水三大类。

一、饮用水

饮用水是一种不含任何添加剂可直接饮用的水。酒吧中分为矿泉水和蒸馏水两大类。

1. 矿泉水

矿泉水是从地下深处自然涌出的或经人工开发、未经污染且含有一定量的矿物盐、微量元素或二氧化碳气体的地下水。常见的品牌如下：

（1）法国依云矿泉水（Evian）：世界上销量极大的矿泉水，以无泡、纯净、略带甜味著称，口感特别柔和。

（2）法国巴黎矿泉水（Perrier）：一种天然含气的矿泉水，被誉为"水中之香槟"。

2. 蒸馏水

以符合生活饮用水卫生标准的水为水源，采用蒸馏法、电渗析法、离子交换法、反渗透法及其他适当的加工方法，去除水中矿物质、有机成分、有害物质及微生物等加工制成的水。

二、果汁

果汁的品种很多，酒吧中分为鲜榨果汁、罐（瓶）装果汁、浓缩果汁三大类。

（一）鲜榨果汁

鲜榨果汁是一种以新鲜或冷藏水果为原料，利用工具榨取的水果原汁。由于其富含维生素，对人体的健康很有好处，因此深受消费者欢迎。

制作鲜榨果汁在选材上必须注意以下几个原则：

（1）使用成熟的瓜果。

（2）原料必须新鲜，无腐烂、变质现象。

（3）原料无病虫害侵蚀等。

酒吧常用作鲜榨果汁的水果有：

▲果肉中含丰富水分的水果——使用榨汁机（Juice Squeezer）获取果汁。

1. 橙汁（Orange Juice）

榨取橙汁的常用工具：

①手动榨汁器——橙子切开后，手动榨取果汁。

②电动专用榨汁机——把切开的橙子压在电动的钻头上榨汁。

③通用榨汁机——橙子去皮后，净果肉榨汁。

使用鲜橙（或柠檬、橘子）榨汁时，如能先用 60～70 ℃的热水浸泡 10 分钟，可多产出 1/5 的果汁。其主要原理是通过果肉的软化、果胶质的水解，提高出汁率。

2. 苹果汁（Apple Juice）

把苹果切成四份，除去种子部分，采用通用榨汁机榨取果汁。由于苹果汁的颜色容易变黑，采用即点即榨的方式更为适合，最好选用有颜色的果汁杯盛装。

3. 西瓜汁（Watermelon Juice）

把西瓜肉切成能放进通用榨汁机口大小的块状，放进机内进行榨汁。

4. 蜜瓜汁（Melon Juice）

把蜜瓜切成条状，除去种子起出果肉放进通用榨汁机中进行榨汁。

5. 胡萝卜汁（Carrot Juice）

把去皮胡萝卜切成条状，放进通用榨汁机中进行榨汁。榨汁前如能把胡萝卜放进冰水中浸泡一会儿，可补充因蒸发而流失的水分，并保持果汁的自然味道。

▲果肉中水分含量少的水果——使用搅拌机（Blender）获取果汁。

某些水果由于自身的水分含量少，制作果汁时需要加入水、糖浆、奶等辅助原料，通过搅拌机充分与果肉搅和在一起。例如杧果汁（Mango Juice）、椰子汁（Coconut Milk）等。

鲜榨椰子汁（Fresh Coconut Milk）：

原料：老椰子 1 个、蒸馏水 60 盎司（约 1 500 克）、糖浆 9 盎司、淡奶 10 盎司。

工具：搅拌机、高密滤网。

做法：

（1）起出白色的椰子肉，切成 1 厘米 ×1 厘米的粒状，洗干净备用。

（2）在搅拌机中分三次加入蒸馏水和适量的椰子肉，搅碎过滤出白色的果汁。

（3）最后在纯净的椰子汁中加入糖浆和淡奶，用吧勺调和均匀。

（4）把果汁装入容器，放入冰柜内冷藏。

（二）罐（瓶）装果汁

罐（瓶）装果汁是在原果汁（或浓缩果汁）中加入水、糖液、酸味剂等调制而成的清汁或浑汁制品，用罐（瓶）包装，打开倒出后可直接饮用而不需兑水稀释。

由于质量稳定，酒吧中常用此类果汁作为辅料用于调酒。常见的品种有橙汁、菠萝汁、番石榴汁、西柚汁、红莓汁、西红柿汁等。西红柿汁在饮用时要加一片柠檬片，以增加香味。

● 浓缩果汁

浓缩果汁是采用物理方法从原果汁中除去一定比例天然水分制成的具有原果汁应有特征的制品。浓缩果汁要稀释后才能饮用，酒吧中也常用它作调酒的辅料，常见的牌子有：

新的（Sunquick）浓缩果汁——1 份浓缩果汁兑 9 份水。

屈臣氏（Watsons）浓缩果汁——1 份浓缩果汁兑 3 份水。

必须注意的是，稀释浓缩果汁时最好使用冰水或常温水，如用热水稀释，则会影响果汁质量，常会出现变酸的现象。

浓缩果汁开罐（瓶）后保鲜时间很短，存入冰箱中，浓缩状态下可以保存10～15天，稀释后只能存放2天，要尽量做到用多少兑多少，以免浪费。

三、汽水

汽水是一种富含二氧化碳的碳酸类饮料，由甜味料、香料、酸味料等物料与水混合压入二氧化碳制成。汽水是盛夏冷饮之佳品，饮用汽水后，二氧化碳排出会带走人体内的热量，让人产生凉爽舒适的感觉。

汽水的品种和知名品牌有：

（1）可乐汽水（Cola）——可口可乐（Coke Cola）、百事可乐（Pepsi Cola）等。

（2）柠味汽水（Lemonade）——雪碧（Sprite）、七喜（7-up）等。

（3）汤力汽水（Tonic Water）——屈臣氏等。

（4）姜味汽水（Ginger Ale）——屈臣氏等。

（5）苏打汽水（Soda Water）——屈臣氏等。

（6）橙味汽水（Orange Soda）——新奇士（Sunkist）等。

● 冰箱中保鲜容器的选择

塑料容器具有良好的弹性，不易受温度变化或外力作用而破裂，具有良好的保鲜效果，在酒吧中常使用塑料容器盛装软饮料，也可以选用金属或纸盒容器。

[想一想]

对客人进行软饮服务有哪些注意事项？

（1）汽水属于冰镇类饮料，服务前必须冷藏，服务中通常使用高（球）杯或柯林杯盛装，杯中加入 1/2 杯以上的冰块，倒入汽水后可放一片柠檬以增加香味（橙味汽水除外），最后插入吸管和搅拌棒。

（2）鲜榨果汁的保鲜时间为 24 小时；罐（瓶）装果汁打开后保鲜时间为 3～5 天；浓缩果汁开罐（瓶）后保鲜时间很短，存入冰箱中，浓缩状态下可以保存 10～15 天，稀释后只能存放 2 天。果汁最佳饮用温度为 10 ℃。出品时用果汁杯或高杯斟至 85% 满（不需加冰块），最后插入吸管。

（3）汽水如果用于调制饮品，开罐后都有保质期。汽水开罐后最佳调制时间为 15～30 分钟，超过这个时间，调制出来的饮品风味会大打折扣。

[实践园]

实践：对客人进行软饮服务。

[课后练习]

单项选择

1. 服务业中一般把软饮料分为（　　）大类。

　　A. 2　　　　　　　B. 3　　　　　　　C. 4　　　　　　　D. 6

2. 碳酸类饮料包括（　　）等。

　　A. 丁香、橙汁、安哥斯特拉苦精　　　　B. 可乐、雪碧、七喜、苏打水

　　C. 咖啡、柠檬汁、薄荷酒　　　　　　　D. 安哥斯特拉苦精、咖啡、丁香

3. 奶类、果汁类等软饮料打开包装后，如不能一次性用完应马上倒入（　　　）中，并放入冰箱中保存。

  A. 塑料容器   B. 金属容器

  C. 玻璃容器   D. 陶瓷容器

任务二 啤酒服务流程

〔**学习目标**〕

了解啤酒的定义、历史、生产工艺，掌握啤酒的分类知识。熟悉啤酒的服务流程。

〔**前置任务**〕

了解 5 种常见的啤酒品牌，以图片形式搜集啤酒杯（至少 3 种）。

〔**相关知识**〕

一、啤酒的定义

啤酒是指用谷类发酵、经啤酒花调香的一种营养丰富的低酒精饮料，有着"液体面包"的美称。富含泡沫和二氧化碳是啤酒的最大特点。

啤酒的产热量高，1 升啤酒可以产生 425 千焦的热量，相当于 250 克面包的产热量；啤酒中含有大量氨基酸，目前测定出来的就有 17 种，其中有 8 种是人体必需的；啤酒中还含有丰富的 B 族维生素。

二、啤酒的历史

啤酒起源于 4 000～6 000 年前的古埃及，这在王墓壁画中得以证实。史料记载，当时啤酒的制作只是将发芽的大麦制成面包，然后把面包磨碎，置于敞口的缸中，让空气中的酵母菌进入缸中进行发酵。12 世纪，添加了蛇麻草花（啤酒花）的啤酒在德国诞生，这种酒清凉爽口，有一种芬芳的苦味，被全世界的人们所喜爱，这就是现今意义上的啤酒。

三、啤酒的酿造原料

啤酒的生产原料主要有 4 种：大麦、啤酒花、水和酵母。

四、啤酒的生产过程

选麦→制浆→煮浆→冷却→发酵→陈化→过滤→杀菌→包装。

五、啤酒的种类

按照不同的分类方法可将啤酒分为生、熟、纯生啤酒，高、中、低度啤酒，瓶装、罐装和桶装啤酒等。

六、啤酒的质量鉴别

啤酒的质量主要通过感官指标进行鉴别。

（一）视觉

1. 颜色

将啤酒倒入杯中，淡啤酒颜色浅黄、清亮透明、不混浊。黑啤酒颜色棕黑，无任何沉淀物。

2. 泡沫

泡沫洁白、细腻、稠密而带糊状。把啤酒盖打开倒入杯中后，还可以通过以下指标检验啤酒的质量：质量好的啤酒泡沫所形成的体积应占酒液的1/2以上；质量好的啤酒泡沫的持久性能保持3分钟以上；泡沫消失后，杯壁上残留的泡沫黏滞物越多，啤酒的质量就越好。

（二）嗅觉

啤酒的香味主要是麦芽的清香与酒陈化后的香醇气味，以及少量的发酵气味。

（三）味觉

啤酒有香滑、可口、清爽、略带苦味的口感。因酒精含量低，人们喝下去并不会有明显的刺激感。

啤酒鸡尾酒有如下品种。

"帕纳雪"：啤酒与透明碳酸饮料混合。口感极佳，入喉顺滑，酒精浓度低。

"黑色丝绒"：司陶特啤酒的泡泡与香槟的泡泡混合在一起，使口感平顺而深邃，酒精浓度低。

"红眼"：将西红柿汁倒入杯中，再倒入啤酒搅拌。啤酒让西红柿汁的浓厚口感变得清爽。酒精浓度低。

七、啤酒服务

1. 啤酒的温度

啤酒的最佳饮用温度是 8 ~ 11 ℃，冷藏温度是 5 ~ 10 ℃。在最佳饮用温度，啤酒香气浓郁，口感舒适，泡沫丰富、细腻又持久。

2. 啤酒杯

在酒吧中，通常将啤酒杯放入冰箱中冷冻，奉客时才取出酒杯，倒入啤酒，这样能较长时间地保持啤酒的饮用温度。啤酒杯要求清洁卫生，斟啤酒时，杯口上必须带有一定的泡沫，其厚度一般为 1.5 ~ 2 厘米。必须注意的是酒杯不能沾有油渍，否则会影响啤酒泡沫的产生。

常用的标准啤酒杯有三种形状：第一种是杯口大、杯底小的喇叭形平底杯，也称比尔森杯（Pilsner）。第二种是类似于第一种的高脚或矮脚啤酒杯（Footed Pilsner）。这两种酒杯倒酒比较方便，常用来斟倒瓶装啤酒。第三种是带把柄的生啤杯（Beer Mug），酒杯容量大，一般用来盛装桶装啤酒。

3. 啤酒的服务程序

（1）用托盘把冰冻的啤酒、洁净的啤酒杯和杯垫送至客人桌前。

（2）从客人的右侧为客人服务。

（3）先将杯垫放在桌子上，徽标朝向客人，再将啤酒杯放在杯垫上。

（4）把啤酒顺着杯壁慢慢倒入杯中，倒酒时酒瓶的商标始终朝向客人。

（5）把剩余的啤酒放在客人啤酒杯的右上角处的另外一块杯垫上，酒瓶商标朝向客人。

（6）当杯中的啤酒占杯体 1/2 时，上前为客人添加啤酒。

八、关于啤酒开瓶器

啤酒开瓶器用于开启瓶装汽水、啤酒的瓶盖，一般为不锈钢制品，不易生锈，又容易清洗干净。

九、啤酒鸡尾酒制作

1. "深水炸弹"（Tropedo）

配料：1 盎司伏特加，10 ~ 14 盎司啤酒。

载杯：生啤杯、子弹杯。

操作程序：①先将啤酒倒入生啤杯中约八分满；②将装有 1 盎司伏特加的子弹杯放入啤酒杯中（杯中杯）；③趁着啤酒泡沫涌起时一饮而尽。

2. "火山口"（Volcano）

配料：4 盎司鲜榨橙汁、4 盎司黑啤酒、1/3 杯冰块。

载杯：高杯。

使用工具：吧勺。

操作程序：①在高杯中放入 1/3 杯的冰块并倒入鲜榨橙汁；②利用吧勺，沿着勺背缓缓倒入黑啤酒；③杯中形成下层橙色、上层黑色的分层效果。制作完成后，两层之间的液体再上下置换，有如山雨欲来、火山爆发之感。

3. "吸血鬼"（Draculas）

将"火山口"配方中的鲜榨橙汁换成番茄汁即可。

【想一想】

知名的啤酒品牌有哪些？

品牌（中文）	品牌（英文）	产 地
1. 喜力	Heineken	荷兰
2. 百威	Budweiser	美国
3. 科罗娜	Corona	墨西哥
4. 太阳	Sol	墨西哥
5. 生力	San Miguel	中国香港
6. 虎牌	Tiger	新加坡

续表

品牌（中文）	品牌（英文）	产　地
7. 福斯特	Foster	澳大利亚
8. 嘉士伯	Carlsberg	丹麦
9. 健力士	Guinness	爱尔兰

【实践园】

实践：对客人进行啤酒服务。

从视觉、嗅觉、味觉三个角度品鉴啤酒，完成下列表格。

名　称	视　觉	嗅　觉	味　觉

【课后练习】

单项选择

1. 下列啤酒的生产过程，正确的是（　　　）。

　　A. 选麦、煮浆、制浆、冷却、发酵、陈化、过滤、杀菌、包装

　　B. 选麦、制浆、煮浆、冷却、发酵、陈化、过滤、杀菌、包装

　　C. 选麦、制浆、煮浆、冷却、发酵、陈化、杀菌、过滤、包装

　　D. 选麦、制浆、煮浆、冷却、发酵、过滤、陈化、杀菌、包装

2. 作为一个设备、设施比较完善的酒吧，啤酒配出器应放置在（　　　）。

　　A. 瓶酒储藏柜里　　　　　　　　　　B. 酒杯储藏柜里

　　C. 后吧　　　　　　　　　　　　　　D. 前吧

3. 啤酒的酒度一般在（　　　）度。

　　A. 2～6　　　　　　B. 4～8　　　　　　C. 6～10　　　　　　D. 8～12

任务三　葡萄酒服务流程

〔学习目标〕

了解葡萄酒的历史文化，掌握对客人进行葡萄酒服务的技巧。

〔前置任务〕

调查对客人进行葡萄酒服务的要求。

〔相关知识〕

在这个地球上，人类最先创造出来的酒，就是以葡萄发酵、酿造而成的葡萄酒。由于年代过于久远，因此没有人知道葡萄酒是何时诞生的，但在公元4000多年前的美索不达米亚文明初期的遗迹中，找到了用来榨葡萄汁的石臼。从那么古老的时代便开始酿造的酒，到现在依然受到全世界人们的喜爱，真是太不可思议了。葡萄酒到底隐藏着怎样的神秘力量，能够跨越时代、国界，让人们着迷呢？

一、葡萄酒的详细情报

原料：葡萄。

主要生产国：法国、意大利、西班牙、美国、智利等。

种类：无气泡葡萄酒、加烈葡萄酒、加味葡萄酒、气泡葡萄酒。

味道：从不甜、带涩味到甜味都有。

制造法：将葡萄发酵后放入酒桶或酒槽中陈年，然后过滤、装瓶，在瓶中进行陈年。

二、关于葡萄酒的饮用时间与保鲜

喝葡萄酒时，常见的棘手问题是无法一次性饮用完，这时候该如何处置剩余的葡萄酒呢？葡萄酒在开瓶后口感质量会逐渐下降，白葡萄酒应在开瓶3小时内饮用完毕，红葡萄酒应在8小时内饮用完毕，否则味道会变酸，香气尽失。

如果实在喝不完，最好做如下处理：把软木塞塞回瓶口，放进恒温酒柜。放置时应让瓶身直立，以减少酒液与空气的接触面。如用抽真空瓶塞取代原有的软木塞，葡萄酒还可勉强保存两三天。

三、关于葡萄酒瓶中的沉淀物

一般葡萄酒出现沉淀的情形有两种：一种是葡萄酒经陈化后自然产生的沉淀物。如有些名贵葡萄酒在七八年后会出现沉淀，不能陈化过长时间的浅龄葡萄酒也会在一两年后出现沉淀。另一种是葡萄酒结晶石（Wine Crystals），其主要构成物质是酒石酸（Tartaric Acid）。葡萄酒结晶石的形状没有一定规律，带有黏性，通常附着在瓶底、瓶肩或出现在软木塞的底端。这些沉淀物并不会影响葡萄酒的口感，对人体健康无任何损害，可放心饮用。

白葡萄酒结晶石的外观看起来像白砂糖，而红葡萄酒结晶石则呈现出紫红色。形成结晶石的主要原因是葡萄酒存放在过冷环境中的时间太长。

四、葡萄酒的服务

1. 开葡萄汽酒的服务程序

	①在冰桶中放入1/3桶的冰块和1/2桶的水；把葡萄汽酒斜放入冰桶中，再把冰桶放到餐桌旁不影响正常服务的位置上
	②右手把葡萄汽酒从冰桶中取出，左手拿起叠成长条形的席巾，托起酒瓶，请主宾确认酒水，确认后将葡萄汽酒重新放入冰桶中
	③打开酒刀，用其把瓶口处的锡纸割开去除，收起酒刀

续表

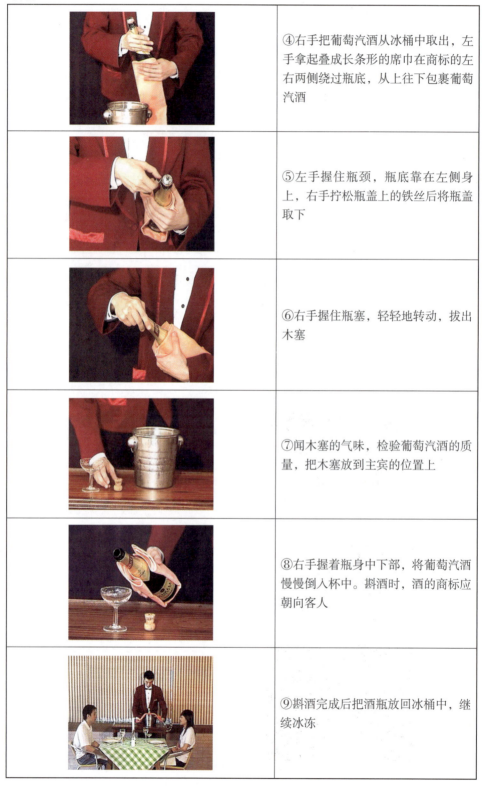

	④右手把葡萄汽酒从冰桶中取出，左手拿起叠叠成长条形的席巾在商标的左右两侧绕过瓶底，从上往下包裹葡萄汽酒
	⑤左手握住瓶颈，瓶底靠在左侧身上，右手拧松瓶盖上的铁丝后将瓶盖取下
	⑥右手握住瓶塞，轻轻地转动，拔出木塞
	⑦闻木塞的气味，检验葡萄汽酒的质量，把木塞放到主宾的位置上
	⑧右手握着瓶身中下部，将葡萄汽酒慢慢倒入杯中。斟酒时，酒的商标应朝向客人
	⑨斟酒完成后把酒瓶放回冰桶中，继续冰冻

2．开白葡萄酒的服务程序

	①宾客点酒后，酒管事开始准备酒水。首先在冰桶中放入1/3桶的冰块和1/2桶的水。把白葡萄酒商标向上斜放入冰桶中，冰桶上横放上一条叠成条状的席巾，然后把冰桶放到餐桌旁不影响正常服务的位置上
	②右手把白葡萄酒从冰桶中取出，左手拿起叠成条状的席巾，托起瓶底，请主宾确认酒水，确认后将白葡萄酒重新放入冰桶中
	③打开酒刀，左手扶瓶颈，右手用酒刀绕瓶口处的锡纸旋转切割两次
	④右手手指与刀刃夹起已被割断的锡纸放到一边，收起酒刀，用席巾擦拭瓶口处的橡木塞
	⑤打开酒钻，对准木塞中心位置，右手把酒钻钻入木塞中，钻至酒钻的最后一格
	⑥打开杠杆并卡在瓶口处，左手抓紧杠杆和瓶口，右手用力提起酒钻，拔出约4/5的木塞

续表

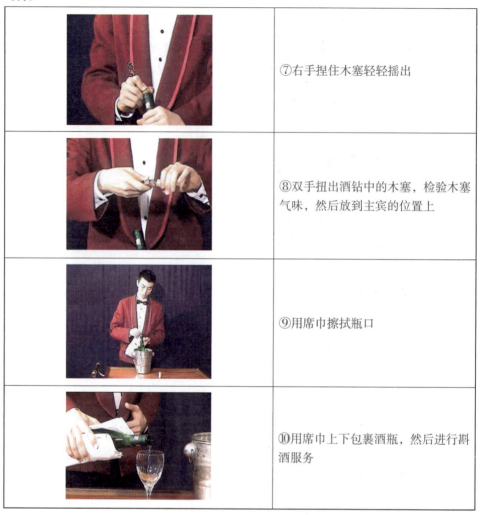	⑦右手捏住木塞轻轻摇出
	⑧双手扭出酒钻中的木塞,检验木塞气味,然后放到主宾的位置上
	⑨用席巾擦拭瓶口
	⑩用席巾上下包裹酒瓶,然后进行斟酒服务

3. 开红葡萄酒的服务程序

	①宾客点酒后,酒管事开始准备酒水;在酒篮中铺上一块洁净的席巾;擦净瓶身后商标朝上将酒瓶斜放入酒篮中
	②把酒水摆放在酒车上,准备一条叠成条状的席巾;把酒车推到宾客桌旁;让主宾确认酒水后,准备开酒服务

续表

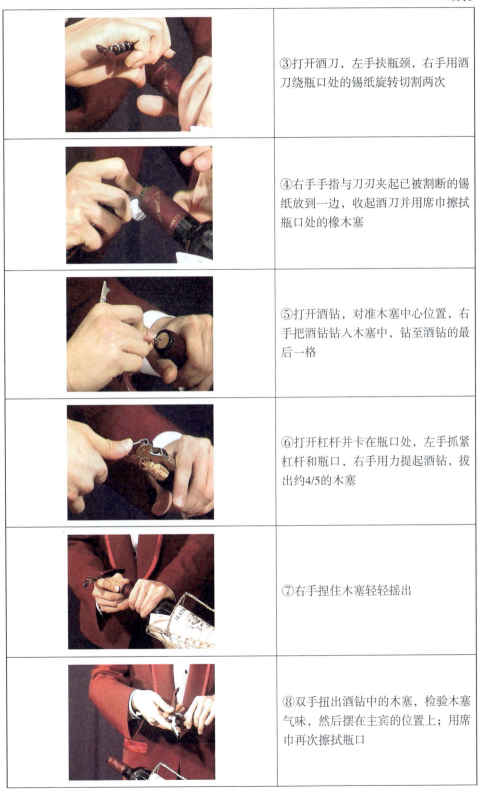

	③打开酒刀，左手扶瓶颈，右手用酒刀绕瓶口处的锡纸旋转切割两次
	④右手手指与刀刃夹起已被割断的锡纸放到一边，收起酒刀并用席巾擦拭瓶口处的橡木塞
	⑤打开酒钻，对准木塞中心位置，右手把酒钻钻入木塞中，钻至酒钻的最后一格
	⑥打开杠杆并卡在瓶口处，左手抓紧杠杆和瓶口，右手用力提起酒钻，拔出约4/5的木塞
	⑦右手捏住木塞轻轻摇出
	⑧双手扭出酒钻中的木塞，检验木塞气味，然后摆在主宾的位置上；用席巾再次擦拭瓶口

续表

	⑨右手提起酒篮，然后进行斟酒服务

五、葡萄酒的饮用温度

温度对于葡萄酒饮用而言，是非常重要的，各种葡萄酒应在最适宜的温度下饮用才会使味道淋漓尽致地发挥出来。下面是几种葡萄酒的适宜饮用温度：

①白葡萄酒一般在 10 ~ 12 ℃，需冷却后饮用。

②红葡萄酒一般在 16 ~ 18 ℃（酒库的温度）。

③玫瑰红葡萄酒一般在 12 ~ 14 ℃，稍微冷却后饮用。

④香槟和汽酒（Champagne & Sparkling Wine）需冷却到较低的温度饮用，一般在 4 ~ 8 ℃，并且在 2 小时内保持不动（开瓶时避免瓶塞自动弹出）才适宜开瓶。在宴会里让瓶塞弹出的饮法只是为了制造气氛，对品酒而言是不适当的。

六、斟酒服务

葡萄酒的饮用温度各有不同，通常斟酒入杯量是以载杯容量大小而定的。一般原则是红葡萄酒装杯量要比白葡萄酒装杯量少。如果葡萄酒杯容量是 6 ~ 8 盎司，则可按以下标准斟酒：

①斟酒时白葡萄、香槟倒入 2/3 杯。

②红葡萄酒、玫瑰红葡萄酒倒入 1/2 杯，留有一定的空间，让酒挥发出来的气味与空气充分调和，使人们可以先欣赏酒香，用嗅觉去分辨葡萄酒的品种和品质。

[想一想]

对客人进行葡萄酒服务有哪些注意事项？

1. 一定要用右手拿瓶给客人斟酒，拿瓶时手要握住酒瓶下部，不要捏住瓶颈。

2. 每次斟好酒后都要转动酒瓶，让挂在瓶口的酒液全部落入瓶中。

3. 给客人添酒时要先征询客人意见。

4. 按标准斟酒，不可斟太满。

〔**实践园**〕

实践：对客人进行葡萄汽酒、红葡萄酒、白葡萄酒服务。

完成下列表格。

葡萄酒服务程序					
相　同			不　同		
葡萄汽酒	红葡萄酒	白葡萄酒	葡萄汽酒	红葡萄酒	白葡萄酒

〔**课后练习**〕

单项选择

1. 葡萄酒杯容量是（　　　）盎司。

　A. 2 ~ 6　　　　　　B. 4 ~ 8　　　　　　C. 6 ~ 8　　　　　　D. 8 ~ 12

2. 进行葡萄酒服务时，酒的商标应始终（　　　）。

　A. 朝向窗户　　　　　　　　　　　B. 朝向客人

　C. 朝向餐厅服务员　　　　　　　　D. 朝向斟酒者自己

3. 将酒钻钻入葡萄酒的软木塞中，操作过程需保持瓶身（　　　）。

　A. 旋转　　　　　　B. 左右晃动　　　　　　C. 前后晃动　　　　　　D. 稳定

任务四　洋酒服务流程

【学习目标】

掌握如何对客人进行洋酒服务。

【前置任务】

了解白兰地和威士忌的饮用方法。

【相关知识】

一、选酒

说辞：请问您今晚喝什么酒水，我们有酒水套餐活动，××元（根据营销活动内容及标准服务流程进行促销），请问刷卡还是付现金（收您××元，请您跟我到服务台买单），请稍等，马上为您送到。

二、送酒

准备工作：将客人所点的洋酒放置在托盘中央，准备洋酒服务所需的酒杯、冰桶、冰夹、冰垫、餐巾纸、搅拌棒、分酒器。

实用小资讯

（1）白兰地（各品牌的 XO、VSOP 等）需用白兰地杯（支撑高脚杯）。

（2）威士忌、伏特加、金酒、特基拉酒等需用威士忌杯（古典杯、平底玻璃杯）。

（3）若客人点特基拉酒、伏特加，需多附上几片杯垫。

●提篮送酒——您好，您的酒水已为您送到（摆放在茶几上）。

●托盘送酒——装盘先放重物高物，后放低物轻物，先送酒水饮料，后送扎壶、冰桶。卸盘先卸低物、轻物，后卸高物、重物，酒标朝向客人。左手托盘，右手操作，动作要稳，操作要轻，定位要准。

●桌面摆放——物品摆放在桌子一侧，低物在前，高物在后，便于调配操作。

三、开瓶、示酒

1. 净饮

（1）验酒。展示客人所点的酒："这是您选的 ×× 酒，请问可以给您打开吗？"

（2）打开瓶盖："好的，为您开瓶。"

（3）把酒倒入杯中（约 1/5 处），请客人试酒："先生 / 小姐，请试酒。"

（4）按客人数斟酒，并按顺序送至客人桌边："您的酒，请慢用。"

（5）打开小吃，礼貌离开："这是您的小吃，请慢用。如需服务请按服务铃，祝您消费愉快。"

2. 混饮

（1）验酒。展示客人所点的酒："这是您选的 ×× 酒，请问可以给您打开吗？"

（2）打开瓶盖："好的，为您开瓶。"

（3）先咨询客人混饮的比例："请问需要调配淡一点还是浓一点？"

（4）请客人试酒："先生 / 小姐，请试酒。"（先为客人调配一杯混饮，请客人品尝浓淡，客人确定后，再在扎壶中为客人调配。）

（5）混饮调配顺序：把冰块倒入扎壶中（约 1/3 处），把酒倒入扎壶中（约 1/5 处），按客人要求倒入适量软饮料，最后用搅拌棒按顺时针方向搅拌均匀或摇晃均匀。

（6）调配好后按客人数斟酒，并按顺序双手递送给客人，示意客人慢用。

（7）为客人将扎壶和分酒器内的调饮调配充足，然后放在客人方便取用的位置，以便客人自行添加（用扎壶调配后倒入分酒壶）。

（8）打开小吃，礼貌离开："这是您的小吃，请慢用。如需服务请按服务铃，祝您消费愉快。"

四、调配、斟酒

（1）净饮：把酒倒入古典杯的 1/5 处，加 3 ~ 4 块冰块。

（2）混饮：把酒倒入古典杯的 1/3 处。

（3）扎壶比例：把酒倒入扎壶的 1/5 处，把冰块倒入扎壶的 1/3 处，再倒入软饮料。

如果口味偏浓，洋酒和软饮料的调配比例是 1：6。

如果口味适中，洋酒和软饮料的调配比例是 1：8。

如果口味偏淡，洋酒和软饮料的调配比例是 1：10。

[想一想]

1. 饮用白兰地时为什么要用白兰地杯？

因为白兰地杯底部大，手掌托住会加温，使白兰地的香味挥发出来。

酒吧服务

2. 威士忌标签上面的数字代表什么意思？

威士忌标签上的数字代表威士忌酒液在木桶中的陈年时间。

〖 实践园 〗

实践：对客人进行洋酒服务。

〖 课后练习 〗

单项选择

1. 给客人奉上威士忌时一定要配上（　　　）。

A. 清水　　　　　B. 盐　　　　　　　C. 青柠　　　　　　D. 冰块

2. 给客人奉上特基拉酒时一定要配上青柠和（　　　）。

A. 清水　　　　　B. 盐　　　　　　　C. 砂糖　　　　　　D. 冰块

3. Martell，Remy Martin，Hennessy是世界著名的（　　　）品牌。

A. 白兰地　　　　B. 伏特加　　　　　C. 威士忌　　　　　D. 特基拉酒

任务五　鸡尾酒会服务流程

〖 学习目标 〗

掌握如何对客人进行鸡尾酒服务。

〖 前置任务 〗

了解品酒师和调酒师这两种职业的区别。

〖 相关知识 〗

一、品酒师与调酒师

品酒师（Sommelier）与调酒师（Bartender）是两种完全不同的职业。如果说品酒师的职责是记住所有葡萄酒的味道，那调酒师的职责就是记住所有品牌所有酒种的味道，而且要一边想象着味道一边创造出鸡尾酒。

品酒师是对所有酒品了若指掌的专业人士。在餐厅里，他们能根据菜单，为客人挑选最适合搭配餐点的葡萄酒，可以说是顾客最贴心的朋友。

调酒师是在酒吧或餐厅专门从事配制酒水、销售酒水，并让客人领略酒文化的人员。酒吧调酒师的工作任务包括酒吧清洁、酒吧摆设、调制酒水、酒水管理、应酬客人和日常管理等。

二、鸡尾酒会服务

1. 酒会标准

预订员要熟悉厅堂的设施设备，以及接待能力，要具有丰富的酒水饮料知识。要对客人的预订内容、要求、人数、标准、地址、电话、预订人等信息记录清楚、具体。

2. 厅堂布置

鸡尾酒会厅堂布置与主办单位要求、酒会等级相适宜，厅堂酒台、餐台、主宾席区和主台布置整齐。整个厅堂环境气氛适宜，能体现酒会特点和等级规格。

3. 餐厅准备

调酒员要具有丰富的酒水饮料知识，熟悉各种鸡尾酒及饮品调配方法。酒会举办前的 20～30 分钟，将调好的鸡尾酒和饮品整齐地摆放在桌面上，酒水调制美观，按配方准确制作，酒水供应应充足、及时。

4．迎接客人

领班员要着装整洁、仪表端正、面带微笑，配合主办单位迎接、问候客人，表示欢迎，对主宾或主宾席区的客人要特别照顾。

5．酒会服务

酒会开始，服务员要分区负责，为客人递送鸡尾酒、饮料、点心、小吃，服务要迅速、准确、规范。主宾讲话或祝酒时，服务员要积极配合，保证酒水供应。

6．告别客人

酒会结束，及时征求主办单位和客人的意见，为客人取送衣物，欢迎客人再次光临；客人离开后快速清台，撤除临时设施。

【想一想】

调酒师遇到自己不会调的鸡尾酒时，应如何处理？

在调酒服务中，因客人的口味及饮用方法不尽相同，可能会遇到一些特别要求或是特别配方，调酒师不一定会做。在这种情况下，可请教客人怎么调制，这样既可以使客人满意，也可以使调酒师增长知识，切忌回答客人"不会做"或胡乱调制。必须注意的是，不能邀请客人进入工作区域自行调制。

【实践园】

实践：对客人进行鸡尾酒服务。

完成下列表格。

职　业	工作内容
调酒师	
品酒师	

【课后练习】

单项选择

1．使用高杯出品时一定要配上吸管和（　　　）。

　　A．搅拌棒　　　　B．柠檬片　　　　C．青柠　　　　D．果签

2．制作"干马天尼"时使用的是（　　　）。

　　A．高杯　　　　B．洛克杯　　　　C．马天尼杯　　　　D．白兰地杯

3．当鸡尾酒中含有固体物质时，必须采用（　　　）。

　　A．冲和法　　　　B．搅和法　　　　C．摇和法　　　　D．混合法

【参考文献】

[1]国家旅游局人事劳动教育司.调酒[M].北京：高等教育出版社，1993.

[2]杨真.调酒师（初级、中级、高级）[M].北京：民族出版社，2003.

[3]姜玲，贺湘辉.酒吧服务员工作手册[M].广州：广东经济出版社，2007.

[4]徐利国.调酒知识与酒吧服务实训教程[M].北京：高等教育出版社，2010.